TROUVER

SA

MISSION

Catalogage avant publication de la Bibliothèque nationale du Canada

Clarke, Virginia

   Trouver sa mission

   (Collection Spiritualité)

   ISBN : 2-7640-0852-X

   1. Réalisation de soi. 2. Connaissance de soi. 3. Qualité de la vie au travail. 4. Vie spirituelle. I. Titre. II. Collection.

BF637.S4C52 2004   158.1   C2004-940046-0

LES ÉDITIONS QUEBECOR
7, chemin Bates
Outremont (Québec)
H2V 4V7
Tél. : (514) 270-1746
www.quebecoreditions.com

© 2004, Les Éditions Quebecor
Bibliothèque nationale du Québec
Bibliothèque nationale du Canada

Éditeur : Jacques Simard
Coordonnatrice de la production : Dianne Rioux
Conception de la couverture : Bernard Langlois
Illustration de la couverture : James Lynch / Gettyimages
Correction d'épreuves : Jocelyne Cormier
Infographie : Composition Monika, Québec

Nous reconnaissons l'aide financière du gouvernement du Canada par l'entremise du Programme d'Aide au Développement de l'Industrie de l'Édition pour nos activités d'édition.

Gouvernement du Québec – Programme de crédit d'impôt pour l'édition de livres – Gestion SODEC.

Imprimé au Canada

Virginia Clarke

TROUVER SA MISSION

LES ÉDITIONS
Quebecor
QUEBECOR MEDIA

Introduction

Quelle est ma voie? Comment pourrais-je m'accomplir véritablement, être heureux dans mon travail? Voilà des questions cruciales, car le travail, pour la plupart d'entre nous, est au centre de notre vie.

Après des années passées à exercer un métier qui ne les satisfait pas, bon nombre de gens veulent découvrir leur mission en ce monde. Dans certains cas, la réponse apparaîtra sans trop de difficulté, après une période de réflexion assez courte. Dans beaucoup d'autres, il faudra tâtonner et se questionner profondément avant de découvrir en quoi consiste cette mission. Ce sera là l'occasion de mieux se connaître, de partir à la découverte de soi-même.

Nous verrons tout au long de ce livre que nous pouvons trouver notre vocation par la mise en œuvre de moyens visant à favoriser l'émergence de nos talents innés.

En fait, la mission de chacun de nous se trouve déjà en nous-mêmes, et c'est en étant à l'écoute de nous-mêmes que nous parviendrons à la découvrir et à lui permettre de prendre son essor. Ceux qui ont le sentiment de ne pas avoir quoi que ce soit de particulier à accomplir ne doivent surtout pas se laisser aller au découragement : par une meilleure connaissance de soi et une écoute profonde de la personne que nous sommes, nous pouvons mettre fin à l'errance et nous lancer dans la conquête d'une vie palpitante.

Si nous choisissons notre travail en fonction du statut social ou du salaire qu'il peut nous procurer, nous serons forcément insatisfaits, car cela ne repose pas sur un amour réel d'une chose. Si, au contraire, nous dirigeons notre élan vers ce qui nous rend heureux, nous serons portés par l'enthousiasme, un enthousiasme qui nous permettra de persévérer sur la voie de notre épanouissement.

Voilà donc ce qui peut nous guider vers un mieux-être, vers l'accomplissement : nous connaître, nous découvrir, mieux comprendre la personne que nous sommes, relever le défi fantastique qui s'offre à chacun de nous.

C'est par l'amour de nous-mêmes que nous pouvons transformer notre vie. En effet, pour entreprendre des projets à la hauteur de nos rêves, nous devons tout d'abord nous aimer. Puis, grâce à la discipline et au plaisir, nous pouvons en venir à nous réaliser véritablement, faisant de notre vie professionnelle une aventure merveilleuse.

Chapitre 1

Le désir de s'accomplir

Nous épanouir dans notre travail, voilà une chose qui compte parmi les plus précieuses qui soient dans notre existence. Évidemment, les bienfaits que procure un métier que nous aimons ne se comptent pas sous la forme de dollars, mais bien d'épanouissement et de satisfaction.

Que se passe-t-il lorsque vous vous réalisez pleinement ? Vous ressentez une profonde joie de vivre qui gagne tous les domaines de votre vie, vous vous laissez porter par un enthousiasme fécond, qui vous propulse toujours plus loin dans l'action. Vous êtes alors engagé sur le chemin de la réalisation de vos rêves, et chaque journée est l'occasion d'avancer sur cette voie et de faire de précieuses découvertes. Vous repoussez toujours davantage les limites de votre savoir-faire et de vos compétences, vous êtes transporté par votre mission, vous débordez de joie même lorsque vous vous trouvez face à des difficultés, car l'étincelle de l'amour d'une chose se trouve à l'origine de votre parcours. Vous avez une mission. Vous avez un rêve et vous le réalisez. Vous êtes en vie. Vous êtes au cœur d'une histoire formidable dont vous êtes l'acteur principal, et non un simple spectateur.

∽⊰◯⊱∾

Je savais très bien que mon cerveau était un riche bassin minier, où il y avait une étendue immense et fort diverse de gisements précieux. Mais aurais-je le temps de les exploiter? J'étais la seule personne capable de le faire.

Marcel Proust, *Le temps retrouvé*

∽⊰◯⊱∾

En fait, il y a une grande différence entre subir notre vie et la créer, entre nous résigner à un rôle inintéressant et prendre en main les rênes de notre destinée. Comme pour une foule de choses, c'est une question de choix. En effet, *nous* sommes l'auteur de notre vie. Prendre conscience de cela, c'est nous emparer de l'une des clés les plus porteuses de transformation de l'existence, c'est percevoir toute la réalité de notre pouvoir.

Tout est une question d'attitude. Dès que vous réalisez l'étendue de vos possibilités, vous vous donnez la chance de déployer vos talents. Cela ne peut se produire si vous n'êtes pas conscient de votre capacité de décider de faire quelque chose de votre vie. Cette capacité, nous l'avons tous.

N'écoutez pas ceux qui vous disent qu'il faut absolument une forte somme d'argent ou avoir fait des études poussées pour avoir des projets intéressants. Ce discours défaitiste ne peut que vous amener à baisser les bras et vous faire perdre de vue qu'au contraire, tout est possible. C'est à vous de décider quelle attitude vous préférez: celle qui vous enlève votre pouvoir sur vous-même et sur votre vie, ou celle qui vous donne ce pouvoir.

Vous choisissez où vous êtes.
Vous choisissez votre façon d'agir.
Vous choisissez vos paroles.
Vous choisissez vos actions.
Vous choisissez avec qui vous êtes.
Vous choisissez ce sur quoi vous vous concentrez.
Vous choisissez vos croyances.
Vous choisissez quand vous vous inclinez.

Vous choisissez quand résister.
Vous choisissez à qui vous faites confiance.
Vous choisissez qui vous évitez.
Vous choisissez vos réactions par rapport à tel ou
tel stimulus.
Vous choisissez ce que vous pensez à propos :
> *de vous-même,*
> *des autres,*
> *des risques,*
> *de vos besoins,*
> *de vos droits.*

Phillip C. McGraw, *Stratégies de vie*

Les indices de l'insatisfaction

Il y a plusieurs façons de mener notre vie. Chose certaine, quand notre vie professionnelle ne nous rend pas heureux, nous pouvons avoir l'impression de traverser un désert sans fin, qui nous rend assoiffés du plaisir d'exister.

Nous lever le matin et ne ressentir aucune joie ni aucune énergie créatrice devant la journée qui commence, voilà comment se présente le quotidien lorsque la flamme de notre vocation n'a pas encore émergé dans notre vie. Le plus souvent, ce vide s'étend bien au-delà de la sphère du travail et tout nous semble fade, sans saveur. Lorsque nous ne sommes pas connectés à nos énergies vitales et que nous ne poursuivons aucun but sur le plan du travail, rien ne nous interpelle, rien ne nous fait vibrer intensément et nous nous sentons vides, éteints.

Dans cette situation où tout nous semble terriblement morne, nous nous bornons à laisser passer le temps, dans l'attente qu'un changement se produise enfin. Car quand le travail ne nous procure pas un réel plaisir, quand il n'est qu'un moyen de subsistance, comment pourrions-nous être heureux et épanouis ? Pas étonnant qu'un sentiment de déprime permanent soit souvent le lot de ceux qui n'ont pas trouvé leur voie et pour qui le travail n'est qu'une activité ennuyeuse ou même pénible.

Bâtir son estime de soi

Comment expliquer que nous puissions en être venus à exercer un boulot qui ne nous satisfait pas ou nous rend peut-être même profondément malheureux ? La plupart du temps, c'est une pauvre estime de soi qui cause cette situation où nous nous contentons d'un travail routinier, dépourvu de créativité. C'est pourquoi il est si important, si vous vivez ce type d'insatisfaction, de rebâtir votre estime de vous-même. Pour cela, vous devez peu à peu vous défaire de l'image défavorable de vous-même que vous avez forgée au fil des années.

C'est là une démarche qui nécessite une période de réflexion, de travail sur vous-même, et dans certains cas il sera utile de faire appel à un psychologue, qui aidera à vous défaire des schémas négatifs qui ont pu être élaborés très tôt dans l'existence, de façon inconsciente. Une pauvre estime de vous-même représente un terrible frein à toute aspiration, à tout désir de vous réaliser pleinement, et c'est pourquoi il est important d'y voir, de prendre les mesures nécessaires pour retrouver confiance en vous.

Si vous souffrez d'un manque d'estime de soi, il est important de cerner le moment de votre vie où vous avez commencé à vous déprécier, à cesser de croire en vous. Ou peut-être même n'avez-vous jamais vraiment cru en vous. Comment ce manque d'appréciation de vous-même s'est-il exprimé, concrètement, dans les premières années de votre existence ?

Revoyez les grandes étapes de votre enfance et de votre adolescence et voyez si une situation, ou une personne en particulier, vous a amené à cesser de vous faire confiance. Dans certains cas, ce peut être un professeur trop sévère qui a brisé votre élan créatif. Il se peut aussi qu'un échec cuisant, une expérience traumatisante ou une situation familiale difficile ait contribué à affaiblir votre estime de soi. Par les désordres qu'elle crée, non seulement sur le plan émotif mais aussi sur celui du déroulement des activités quotidiennes, une situation familiale problématique peut entraîner une perte de confiance en soi dont nous ne réaliserons pas toujours toute l'étendue dans les premières années de la vie adulte. Avec le recul, cependant, nous observerons souvent qu'une telle situation a mené, en corrélation avec d'autres facteurs, à des choix peu judicieux ou à des tournants manqués.

L'important ici, c'est de découvrir, grâce à un travail d'introspection, les causes profondes de ce manque d'estime de soi. Pour y parvenir, replongez-vous en pensée dans le parcours de votre enfance. Remémorez-vous de quelle façon a pris forme, dans la réalité, votre manque de confiance en vous. Vous sentiez-vous incapable de bien accomplir certains gestes ou de prendre la parole, même lorsqu'il s'agissait de choses relativement simples? Aviez-vous l'impression que vos parents, vos frères et sœurs ou vos professeurs ne croyaient pas que vous étiez une personne de valeur, méritant le succès?

Quelles que soient leur nature et leurs causes, ces blessures peuvent être apaisées aujourd'hui grâce à une meilleure compréhension de la situation et grâce à l'esprit de compassion, au pardon. Même des dizaines d'années plus tard, le pardon peut agir comme un baume puissant et guérir les plaies les plus profondes et les plus tenaces. Il a pour effet une réconciliation avec notre passé et avec les personnes qui ont eu un rôle déterminant dans notre vie, non seulement dans notre enfance et notre adolescence, mais aussi par la suite, jusqu'à aujourd'hui, et ce, même si nous n'avons pas toujours eu pleinement conscience de toute la charge négative que nous ont value certains événements difficiles.

Le pardon, ou démarche de la compassion, libère les énergies bloquées, et c'est pourquoi il est si extraordinaire pour l'être dans son entier, tant sur le plan psychologique que sur le plan spirituel. Il constitue ainsi la voie par excellence pour nous débarrasser des schémas négatifs qui empêchent d'avancer et pour renouer avec notre force intérieure, avec le pouvoir qui sommeille au fond de nous. Le pardon peut s'adresser aux autres, mais aussi à nous-mêmes : si nous avons entretenu un sentiment de culpabilité par rapport à certains gestes que nous avons faits, ou par rapport à des attitudes que nous avons eues dans le domaine des études ou du travail, par exemple, ou avec des professeurs ou certains confrères, le pardon nous aidera à nous libérer profondément. Et, ainsi, il nous permettra de défaire

LE DÉSIR DE S'ACCOMPLIR

les nœuds qui bloquent la manifestation de nos talents et la réalisation de nos désirs.

Se libérer du passé

Pendant quelques jours, réfléchissez à votre passé vu sous cet angle. En voulez-vous à quelqu'un qui, quand vous étiez enfant ou plus tard dans votre vie adulte, vous a amené à manquer de confiance en vous? Y a-t-il une situation qui vous a déstabilisé à un jeune âge, vous empêchant de vous épanouir? Cela peut être le divorce de vos parents, un déménagement dans une autre ville, un échec scolaire, l'obligation d'abandonner une passion pour une raison ou pour une autre, le manque de ressources pour entreprendre des études, etc. Donnez-vous quelques jours pour songer à cette question, pendant lesquels vous noterez toutes les idées importantes s'y rattachant et qui vous viennent à l'esprit.

Ensuite, à un moment où vous aurez une heure ou deux devant vous, commencez l'exercice. Tout d'abord, relisez vos notes des derniers jours et voyez les idées générales qui s'en dégagent: elles représentent autant de pistes sur la connaissance de vous-même qui vous indiquent ce qui a pu affaiblir votre estime de soi.

Sur une feuille de papier ou, encore mieux, dans un cahier destiné à recueillir le fruit de vos recherches en ce qui concerne votre mission, tracez trois colonnes. Dans la première, dressez une liste des personnes ou des événements qui ont pu vous amener à avoir une faible estime de vous, qui ont pu vous décourager d'une façon ou d'une autre tout au long de votre vie. Pour chaque personne ou événement, faites une brève description de ce qui s'est produit. Ne cherchez pas ici à être objectif. L'important est la façon dont vous avez perçu cette personne ou cet événement. Il s'agit de vous défaire des vieux schémas négatifs auxquels vous avez fini par vous identifier et qui ont pu entraîner un sentiment de honte ou même des comportements autodestructeurs.

Dans la deuxième colonne, écrivez ce qui serait advenu, selon vous, si ces situations ne s'étaient pas produites et que vous n'aviez pas manqué de confiance en vous ; par exemple, vos études auraient peut-être pris une tournure différente, vous auriez cru en vos forces et donc cherché à faire éclore tel ou tel talent que vous pressentiez en vous-même. Laissez votre esprit voguer et imaginez la vie que vous auriez pu bâtir sous un jour idéal, sans les entraves qui sont survenues.

À présent, concentrez-vous sur le premier point de la première colonne. Relisez votre description, puis fermez les yeux et imprégnez-vous de l'énergie bienfaisante de la compassion. Revoyez la personne ou l'événement dont il s'agit et dites intérieurement :

«Je fais la paix avec cette période de ma vie. Je suis en paix avec les autres et avec moi-même.» Demandez ensuite aux forces spirituelles de l'Univers de vous libérer de toute forme de colère face à cette personne ou à cette situation. Imaginez qu'elle est entourée d'un halo de lumière blanche et dites intérieurement: «Je désire que soient annulés tous les effets négatifs qu'elle a pu avoir sur ma vie. J'en suis libéré définitivement.»

Dans la troisième colonne, écrivez de quelle façon pourrait s'exprimer concrètement la fin du complexe né de cet événement. Une petite flamme s'allume-t-elle au fond de vous, le germe d'un projet enfoui depuis tout ce temps et qui émerge soudain sous la forme d'une idée, d'un flash, d'une intuition? Y a-t-il un rêve que vous pourriez réaliser si vous réussissiez à regagner une forte estime de vous-même? Peut-être s'agit-il d'un talent que vous aviez découvert en vous lorsque vous étiez enfant et que vous avez négligé toutes ces années. Soudain, le voici délivré par le baume bienfaisant du pardon à l'égard d'une situation difficile ou peut-être aussi de vous-même (car parfois, c'est soi-même que l'on doit pardonner d'être tombé dans l'autosabotage ou l'autodestruction, phénomènes si fréquents sur la voie de l'échec).

À présent, imaginez-vous concrètement en train d'exploiter ce talent. Comment êtes-vous habillé?

Comment vous sentez-vous intérieurement? Quels gestes faites-vous? Dans les moindres détails, visualisez-vous en train de réaliser votre rêve. Imaginez que l'énergie de l'amour inconditionnel vous enveloppe de sa chaleur bienfaisante. Toujours les yeux fermés, souriez doucement et savourez le bien-être qui vous envahit. Visualisez que vous exploitez enfin ce talent et que vous êtes pleinement satisfait de votre vie, sur le plan du travail ainsi que sur tous les autres. Voyez comme vous vous sentez bien lorsque vous renouez avec votre moi profond, avec vos aspirations ultimes. Prenez conscience qu'il n'en tient qu'à vous de faire vivre vos désirs, de les matérialiser par des actions concrètes.

Pour vous affranchir de votre passé et de tout ce qui obstrue votre réalisation, vous pouvez aussi prier quotidiennement. Cela aidera grandement à dissoudre ce qui vous maintient dans la souffrance et dans l'immobilisme souvent liés aux vieux blocages non réglés. Dans son livre *Ouvrez votre esprit pour recevoir*, l'auteure américaine Catherine Ponder suggère d'utiliser quotidiennement la prière suivante: «Le Christ en moi me libère dès maintenant de tout ressentiment et de tout lien me rattachant aux personnes, aux lieux ou aux objets du passé et du présent. Je prends dès maintenant ma véritable place avec les véritables personnes et avec la véritable prospérité.»

Réciter souvent ces paroles de libération peut apaiser vos blessures profondes et ainsi permettre à vos forces de jaillir et de s'épanouir. Voici une autre prière que propose Catherine Ponder pour vous aider à tirer un trait sur le passé et surmonter les épreuves : « Je laisse tomber toute chose et toute personne qui ne font plus partie du plan divin de ma vie. Dès maintenant, je m'engage rapidement dans le chemin divin de ma vie. Toutes les conditions sont toujours parfaites. »

En vous concentrant sur votre libération, vous pouvez vous débarrasser des boulets qui vous empêchent d'accomplir votre mission. Vous libérer des peines passées ne veut pas dire les oublier ou les nier, mais plutôt vous donner la chance d'apprécier pleinement le moment présent, d'aimer la personne que vous êtes malgré vos erreurs passées et celles des autres. Et c'est grâce à cet amour profond et inconditionnel de la personne que vous êtes que vous pouvez trouver le bien-être essentiel à votre réalisation sur tous les plans.

Modifier son image de soi

Il ne sert à rien d'accuser les autres ou les circonstances de votre incapacité à trouver votre mission de vie, puisque vous êtes la seule personne à pouvoir changer les choses. Dès l'instant où vous reconnaissez votre totale responsabilité de votre vie présente, vous pouvez reprendre les rênes de votre existence.

Si vous avez une image défavorable de vous-même, il n'y a que vous qui puissiez la transformer. Bien sûr, l'attitude classique consiste à attendre que cette transformation vienne d'une situation extérieure, qui vous confirmera enfin que vous êtes une personne de valeur, digne d'apporter quelque chose au monde. Or, c'est d'abord à vous qu'il revient de trouver (ou retrouver) votre estime de soi en mettant au jour ce qui a pu obscurcir votre image de vous-même, freinant ainsi vos élans créatifs et vous privant de l'énergie vitale nécessaire à l'accomplissement.

Il est fréquent aussi que nous nous fassions une idée de nous-mêmes qui ne correspond nullement à nos capacités simplement parce que la vie n'a pas fait en sorte que nous découvrions nos forces. Ainsi, à la suite d'expériences malheureuses, nous avons pu en venir à la conclusion que nous n'étions bons à rien, dépourvus de talent, que nous n'avions pas grand-chose à offrir au monde.

En reconsidérant le bien-fondé de l'image que vous avez de vous-même, vous réaliserez sans doute que vous avez trop vite jugé que vous n'aviez pas telle ou telle aptitude. Cela vous a d'ailleurs probablement amené à bannir, sans trop y réfléchir, certaines activités – ou certaines possibilités – de votre vie. Il est très facile, à partir d'une mauvaise expérience ou d'une perception erronée de soi-même, de décider que l'on n'est pas fait pour telle ou telle discipline, de laisser tomber un espoir, un projet, une aspiration qui ne demandait qu'à éclore.

Ainsi, l'image que vous avez de vous est primordiale lorsqu'il s'agit de découvrir vos talents, car il se peut fort bien qu'en raison de fausses croyances sur vous-même vous ayez balayé certains dons que vous avez reçus. Si une image positive de soi est si cruciale, c'est qu'elle permet d'alimenter l'étincelle de vie qui se trouve dans les intuitions à la base de tout commencement.

Si vous avez tendance à laisser tomber vos projets au moindre pépin, il y a fort à parier que vous entretenez des croyances négatives sur vous-même et que celles-ci vous entraînent à abandonner vos rêves. Vous devez dans ce cas vous défaire, petit à petit, de la pauvre image de vous-même que vous vous êtes forgée pour en bâtir une qui tient compte de votre valeur, de votre dignité d'être humain, de vos forces. Une fois cette transformation accomplie, votre perception de vous-même et des choses sera radicalement différente. Alors, vous vous donnerez enfin le droit de laisser vos désirs prendre forme dans la réalité, vous vous donnerez la liberté de tenter des expériences, d'entreprendre des projets palpitants, de laisser l'étincelle de vie qui vous habite s'exprimer, se révéler, grandir.

Évidemment, tant que vous ne vous donnez pas la peine de créer des situations où ces talents peuvent émerger, il leur est très difficile de se hisser jusqu'à votre réalité. Tant que vous n'avez pas foi en vous-même, vous préférez laisser ces talents dormir et entretenir une vision du monde où vous avez un rôle peu stimulant ; vous vous limitez à observer certaines personnes avoir du succès en pensant que ce genre de vie n'est pas pour vous, que vous n'avez pas ce qu'il faut pour faire partie de ceux à qui tout réussit.

Les croyances négatives sur soi-même sont horriblement rabat-joie : elles freinent les élans créatifs, drainent les énergies, minent les aspirations au succès. Heureusement, par la compréhension et la compassion envers vous-même, il est possible de vous en défaire et de regagner la foi en vous-même.

_{∼ຄ໑໑∼}

Sonne les cloches qui peuvent encore sonner.
Oublie ton offrande parfaite.
Il y a une fissure en toute chose.
C'est par là que pénètre la lumière.

Leonard Cohen

_{∼ຄ໑໑∼}

Défaire ses blocages

Pour parvenir à vous accomplir et à vous épanouir pleinement dans votre vie professionnelle, il est essentiel de croire en vous. Si vous manquez de confiance en vous et si vous voulez vous affranchir de cet état qui vous afflige et vous retarde sur le chemin de votre réussite, vous devez tout d'abord chercher à comprendre pourquoi. Des échecs répétés ou une situation pénible remontant à l'enfance peuvent être à l'origine de ce manque de confiance en soi qui cause généralement un défaitisme tenace.

Par la compassion envers vous-même ou toute autre personne ayant pu être impliquée dans la situation liée à l'échec, vous pouvez vous libérer des blocages qui entravent vos énergies. Alors, celles-ci pourront recommencer à circuler dans votre vie. C'est en vous pardonnant pour ces échecs (vous-même ainsi que toute autre personne) que vous pouvez rétablir en vous-même la paix nécessaire à l'accomplissement, à la réussite. Soigner les blessures profondes du passé permet de neutraliser les attitudes et les comportements d'autosabotage qui se manifestent souvent à travers ces mots: «Je ne suis pas capable, je n'y arriverai jamais», etc.

Évidemment, il n'y a que vous qui puissiez, par la réconciliation avec votre passé et avec vous-même, retrouver cette source inépuisable de joie et d'accomplissement qu'est la foi en vous-même. Vous y parviendrez en développant un plus grand amour de vous-même, en valorisant davantage la personne que vous êtes, en commençant à vous apprécier véritablement.

Vous ne pouvez changer votre passé : ce qui s'est produit s'est produit, irrémédiablement. Vous avez agi de telle ou telle façon, vous avez pris telle ou telle décision, et les situations se sont enchaînées. Rien ne peut être modifié par rapport à ce qui a déjà été votre réalité. Par contre, vous pouvez transformer votre façon d'aborder ce passé, changer votre regard sur les événements de votre enfance ou de votre adolescence, sur les erreurs que vous avez commises, sur vos expériences, quelles qu'elles soient. Vous avez fait des erreurs qui vous ont causé du tort ? Il est grand temps de le reconnaître et de l'accepter. À ce moment de votre vie et selon votre compréhension de la situation, vous n'avez pu agir autrement. Il est grand temps, à présent, de vous pardonner.

L'acceptation de votre passé peut vous amener à vivre de profonds changements dans la mesure où elle entraîne une paix du cœur et de l'esprit permettant de vous consacrer pleinement au présent et de vous lancer à la conquête de vos rêves. Tant que vous êtes en lutte avec un passé non résolu, vous ne pouvez exploiter vos talents véritablement. Quelque chose vous tire vers l'arrière, vous retient dans ce qui a été pour vous l'objet d'une honte, d'une haine ou d'un ressentiment, d'un blocage quelconque à l'égard des autres ou de vous-même. Quand vous adoptez l'attitude de la compassion pour vos erreurs passées et tous les torts que d'autres ont pu vous causer, vous pouvez aborder le présent libéré de tout blocage. Grâce au pouvoir de l'acceptation, vous pouvez dissoudre les blessures du passé et retrouver foi en vous-même.

L'esprit de compassion à l'égard des autres et de vous-même donne accès à un bien-être souverain : libéré de sentiments négatifs, de toute haine, de tout remords, vous pouvez renouer avec votre pouvoir authentique, avec votre puissance intérieure, qui ne demande qu'à se déployer dans votre travail comme dans tous les autres domaines de votre vie.

L'acceptation et l'esprit de compassion peuvent renforcer grandement votre connexion avec votre moi profond et avec les forces supérieures de l'Univers. Ainsi, en dépit de toutes les craintes et de tous les doutes que vous avez pu avoir sur vous-même dans le passé, vous pouvez prendre conscience de votre valeur. Dès lors, vous ne vivez plus dans la peur, et tout devient possible : relever des défis, prendre des risques, laisser vibrer la magie qui vous habite, explorer les avenues qui vous attirent depuis toujours.

Dès que vous commencez à croire en vous, les obstacles s'effondrent et votre chemin s'éclaire. Vous n'avez plus honte de la personne que vous êtes et vous n'avez pas besoin d'être toujours approuvé par les autres en ce qui a trait à *vos* objectifs et à *vos* décisions. Vous faites assez confiance à votre intuition et à votre jugement pour progresser avec force vers les buts que vous visez. Ces buts, vous pouvez bien sûr les modifier au fur et à mesure que vous avancez, faire en sorte qu'ils s'adaptent à vos découvertes. Par exemple, si votre itinéraire semble se dessiner d'une certaine façon et qu'un événement imprévu vient tout bouleverser, plutôt que de vous rebeller contre la réalité, vous saurez vous y adapter. Certains appellent cela « surfer sur les événements ».

∽⊶⊙⊶∾

Aime seulement ce qui t'arrive.

Marc Aurèle

∽⊶⊙⊶∾

Si, malgré tous vos efforts pour aller dans une certaine direction, les événements concourent toujours à vous entraîner vers une destination opposée, ne vous obstinez pas inutilement: sachez être souple.

Plus votre résistance s'accroît, moins vous êtes réceptif aux leçons que recèle la situation où vous vous trouvez. Lorsque, au contraire, vous êtes à l'écoute de ce que cette situation cherche à vous dire sur vous-même, lorsque vous êtes véritablement attentif, vous transformez ce moment en une fabuleuse occasion d'évoluer. Le grand secret consiste ensuite à appliquer à votre réalité, de façon concrète, la leçon que vous avez apprise. Vous pouvez ainsi tirer de toute situation un enseignement des plus bénéfiques et faire de grands pas sur le chemin de la réalisation de vos rêves.

Tout événement qui se passe dans votre vie recèle un sens. Lorsque vous cherchez à comprendre la signification profonde des choses, vous accroissez de façon phénoménale votre pouvoir de transformer votre réalité.

Cheminer vers son but

Si vous avez une pauvre estime de soi, il a probablement suffi d'une mauvaise expérience ou d'un mauvais pressentiment pour que vous vous priviez de travailler dans un domaine qui vous attire. Dans ce cas, il serait bon de remettre votre décision en question et de voir de quelle façon ce rêve pourrait commencer à prendre forme dès aujourd'hui, ne serait-ce qu'en vous fixant un premier objectif assez facile à atteindre. Pour cela, demandez-vous de quelle façon vous pourriez vous y prendre pour cheminer dès maintenant vers votre but.

Bien sûr, vous devez être réaliste. Si vous avez 30 ans, par exemple, et si vous êtes attiré par le métier de mannequin ou par la danse classique, inutile de vous leurrer : une telle carrière doit être entreprise beaucoup plus tôt dans la vie. Par contre, rien ne vous empêche d'explorer ce domaine d'une autre manière. Ainsi, vous pourriez fort bien exercer un travail relié de près ou de loin au monde de la mode ou de la danse et ainsi graviter dans une sphère qui vous stimule, avec des gens qui ont des affinités avec vous puisqu'ils s'intéressent au même domaine. L'important est de découvrir de quelle façon votre rêve pourrait prendre forme sans vous cantonner dans une vision trop restrictive de ce rêve.

Si vous vous sentez bloqué par des croyances négatives sur vous-même, adressez-vous aux forces spirituelles de l'Univers afin qu'elles vous soutiennent dans votre recherche. Demandez-leur de vous aider à retrouver foi en vous-même et de vous mettre en contact avec vos énergies supérieures. Faites appel à elles pour comprendre ce qui vous a amené à douter de vos capacités et pour retrouver pleinement confiance en vous-même et en votre valeur.

Chacun de nous est doté de grandes forces ; cependant, chacun ne les a pas découvertes. C'est l'amour de soi-même qui rend ce processus possible. Non pas l'amour de soi au sens d'un ego assoiffé de reconnaissance et de pouvoir, mais plutôt au sens de conscience de ses capacités dans le but d'être utile aux autres. Car le moi sage caché en chacun de nous ne demande qu'à participer au monde pour le rendre meilleur.

◦◦◯◯◦◦

Le travail est l'amour rendu visible. Et si tu ne peux travailler avec amour, mais uniquement avec dégoût, mieux vaut quitter ton travail pour aller t'asseoir à la porte du temple et recevoir l'aumône de ceux qui travaillent avec joie.

Khalil Gibran

◦◦◯◯◦◦

Retrouver l'esprit de l'enfance

Quels sont vos dons, vos talents ? Voilà donc ce qu'il vous faut découvrir. Et, pour cela, il est souvent nécessaire de remonter à l'enfance. Qu'aimiez-vous faire ? Aimiez-vous lire, dessiner, parler avec vos amis ? Revoyez l'enfant que vous étiez ou, mieux encore, laissez-vous imprégner de son énergie afin de percevoir ce qui constitue la base de vos talents.

L'enfant ne fait pas semblant d'être une autre personne : l'enfant s'amuse, il se dirige naturellement vers ce qui le fait vibrer. Si vous parvenez à retrouver cet esprit enjoué de l'enfance et à le mettre en mouvement dans votre vie d'adulte, il est certain que vous vous acheminerez peu à peu vers le succès.

Cet esprit de l'enfance, celui du jeu, permet de nous concentrer sur nos tâches avec joie. Et le secret du succès, c'est cette joie, ce plaisir à accomplir ce qui doit l'être. Observez ceux qui réussissent : ils ne sont pas malheureux, ils s'amusent. Bien sûr, ils ont dû travailler fort pour en arriver là où ils sont, mais cette énergie qu'ils ont déployée tout au long des années est mue par la passion, par le plaisir. Voilà pourquoi il est si important de sentir vibrer en vous un amour véritable pour l'objet de votre travail. Lorsque cette passion vous habite, vous ne comptez pas les heures de boulot car vous êtes porté par un élan énergisant, entraînant. Ainsi, d'une certaine façon, on pourrait dire que le travail est une forme d'amour : il est une matérialisation de l'amour qui se trouve en vous.

Aimer son travail ne signifie pas que celui-ci ne comporte pas d'efforts à accomplir. Bien sûr, certaines tâches qui le composent peuvent s'avérer fastidieuses, tout comme certaines périodes peuvent être difficiles, et ce, pour toutes sortes de raisons : problèmes sur les plans financier, interrelationnel, organisationnel, etc. Toutefois, lorsqu'il y a au départ un réel plaisir relié au travail, les efforts qu'il nécessite et les problèmes qui surgissent ne sont pas perçus comme un désagrément, mais comme l'occasion d'un dépassement de soi.

Tu dois te concentrer et te consacrer entièrement à chaque jour comme si un feu faisait rage dans tes cheveux.

Deshimaru

L'étincelle du jeu

Trouvez ce qui vous procure de l'énergie, et vous trouverez votre mission : ce qui est naturellement un jeu pour vous ne peut que mettre vos talents à profit. Une fois que vous avez saisi la nature de cette étincelle qui vous habite, vous pouvez commencer à bâtir. Évidemment, il se peut que vous soyez parfois déçu par la tournure des événements, mais lorsqu'il y a présence de cette étincelle, vous n'êtes pas abattu pour autant et vous continuez d'aller de l'avant même lorsque vous n'obtenez pas rapidement les fruits escomptés. Vous faites l'expérience de la persévérance, qui repose sur un amour profond de votre travail. Alors, les portes s'ouvrent d'elles-mêmes. Cela peut sembler magique, et pourtant il n'est rien de plus normal. En effet, éprouvant un réel plaisir à œuvrer dans ce domaine qui vous passionne, vous faites rapidement l'acquisition des compétences qui s'y rattachent, et tout s'enchaîne dans un mouvement dynamique et entraînant. Vous êtes propulsé dans l'action par votre profonde motivation, et cela vous amène à vous surpasser.

Ce voyage fantastique est à la portée de chacun de nous. Il suffit de croire en nous-mêmes et de plonger dans l'amour que nous éprouvons pour l'objet de notre mission. Aucune épreuve alors n'est insurmontable et le succès ne tarde pas à apparaître à l'horizon.

❦

Quand l'élève est prêt arrive le maître.

Proverbe bouddhiste

❦

Chapitre 2

Déceler ses talents

Deviens ce que tu es.

Nietzsche

⁓◦〇◦⁓

*T*out le monde n'a pas la chance de découvrir sa passion dès un jeune âge. Et, comme nous l'avons vu, il arrive souvent aussi que cet appel surgisse tôt mais s'éteigne ensuite en raison de perturbations familiales ou autres. En entrant en vous-même pour tenter de remonter jusqu'à votre flamme première, vous pouvez discerner des indices qui vous permettront de trouver votre voie. Si vous avez du mal à y parvenir, vous pouvez demander aux forces spirituelles de l'Univers de vous aider à détecter vos talents. Demandez-leur de vous livrer dans les semaines à venir des signes qui seront pour vous des messages sur ce que vous pourriez accomplir. Ces signes pourront se présenter sous diverses formes, que ce soit une intuition ou par le biais d'une conversation, d'une lecture, d'une émission de radio ou de télévision.

À la recherche de ses dons

Pour alimenter votre réflexion, voici quelques questions qui vous éclaireront peut-être sur vos talents. Pour renforcer l'exercice, répondez-y par écrit, en notant tout ce qui vous vient à l'esprit. Vos réponses à ces questions renfermeront une mine de données sur vos possibilités et votre potentiel.

- Dans quels domaines œuvrent les gens que vous admirez le plus?

- Avez-vous des héros? Quel métier exercent-ils? Ce domaine vous attire-t-il?

- Si vous ne pouviez pratiquer qu'une seule activité au cours de la prochaine année, laquelle choisiriez-vous?

- Enfant, aviez-vous un grand rêve? Quel était-il? Estimez-vous que vous l'avez réalisé? Sinon, qu'est-ce qui vous en a empêché selon vous?

- Dans un kiosque à journaux, quel genre de revues aimez-vous le plus feuilleter? S'agit-il, par exemple, de celles qui traitent d'économie, de politique, de psychologie, d'esthétique, d'actualité?

- Quels sont vos sujets de conversation préférés?

- Quels métiers sont reliés de près ou de loin à vos sujets de conversation favoris? Énumérez-les. Quelles études requièrent-ils? Quelles qualités sont nécessaires selon vous pour les exercer?

- Quelles sont vos qualités principales? Par exemple, êtes-vous une personne minutieuse, diplomate ou perfectionniste? Avez-vous un bon sens de l'analyse? Faites une liste de vos qualités principales et voyez si elles font partie de celles que vous avez énoncées à la question précédente.

Un autre exercice très utile consiste à établir une liste, par priorité, des dix choses que vous aimez le plus faire dans vos temps de loisirs. Voyez ensuite si certaines d'entre elles pourraient se rattacher à un travail en particulier.

C'est en faisant cet exercice que Pierre réalisa que les jeux informatiques, qui étaient son dada depuis des années, pouvaient aussi devenir son champ de travail. Cette réorientation nécessita trois années d'études qui passèrent très rapidement une fois qu'il eut mis le pied dans l'étrier. Son but était devenu clair: œuvrer dans un domaine qui lui avait procuré un plaisir fou quand il était adolescent, c'est-à-dire devenir apte à programmer des jeux comme ceux auxquels il avait tant aimé jouer. Et ce que Pierre fait à présent, c'est de créer des programmes qui font passer des moments palpitants à des millions d'adolescents partout dans le monde.

Qu'est-ce qui vous fait perdre la notion du temps? Quelle activité vous absorbe au point où vous oubliez où vous êtes? Pensez-y bien, car c'est là une question qui peut vous mener sur la piste de vos plus grands talents. L'amour d'une chose ne s'explique pas, il se vit, et en observant ce qui vous propulse dans un état d'amour, vous pouvez découvrir quel métier pourrait être vraiment palpitant pour vous puisqu'il renferme l'essence de ce qui vous fait vibrer véritablement. Cernez ce qui provoque en vous un plaisir intense et vous serez tout près de toucher à votre but, vous vous approcherez du moteur de votre réalisation.

La passion, une clé formidable

Pourquoi l'étincelle de la passion se trouve-t-elle invariablement au cœur de la réussite? Parce qu'elle nourrit l'être qui la nourrit, parce qu'elle favorise une évolution rapide du savoir dans le domaine qui l'intéresse. Mieux encore, c'est l'épanouissement de la personne dans son entier qui est favorisé.

Lorsque vous vous mettez en mouvement de façon à progresser sur la voie de votre vocation, vos énergies cessent de se dilapider dans le néant et vous avez enfin le sentiment de vous réaliser véritablement. Dès lors, non seulement vous vous épanouissez, mais vous communiquez aux autres un peu de votre enthousiasme, de votre bonheur.

Tout cela est possible lorsque vous faites dans votre vie une grande place à la passion, à la réalisation de vos désirs profonds. En permettant à la petite étincelle de rêve qui vous habite de grandir, vous pouvez transformer votre vie quotidienne et lui imprégner une nouvelle trajectoire, axée sur le mouvement, l'action, l'accomplissement. Commencez par oser imaginer que votre vie professionnelle pourrait se métamorphoser complètement en fonction de vos rêves si vous le désirez vraiment, commencez par vous donner le droit de rêver, puis voyez de quelle façon cela pourrait se produire dans la réalité.

La voie de la transformation

Pour découvrir quelle est votre mission, vous devez non seulement être réellement attentif à ce qui vous arrive, mais aussi chercher à mieux comprendre la personne que vous êtes dans votre essence profonde. Votre mission vous sera révélée si vous parvenez à créer en vous-même un climat propice à cette révélation; et ce climat, vous l'obtiendrez en étant le plus conscient possible de ce que vous êtes, de ce que vous ressentez et de tout ce qui vous constitue, mais aussi en vous ouvrant à l'inconnu.

∽✤∿

Votre vraie place, vous la trouverez en changeant l'orientation de votre mentalité et non en écrivant des lettres, en cherchant du travail, en discutant avec des gens. Vous la découvrirez en modifiant votre état mental.

Emmet Fox

∽✤∿

Ne croyez pas que vous sachiez tout sur vous-même, ne soyez surtout pas blasé: faites place à l'improvisation et laissez la vie vous montrer que vous êtes bien davantage que ce que vous croyez être. Vous êtes unique, et ce que vous pouvez accomplir, il n'y a que vous qui puissiez le faire de la façon dont vous le ferez. Prendre pleinement conscience de cette unicité, voilà une clé primordiale du succès. Tant que vous vous percevez comme une personne semblable à des milliards d'autres, l'étincelle de vos rêves ne peut jaillir dans toute sa splendeur, elle ne peut vous mener vers votre accomplissement.

∽✤∿

Si tu ne trouves pas la vérité à l'endroit où tu es, où espères-tu la trouver?

Dôgen

∾≈⊙≈∾

Songez qu'une partie de vous est encore mysté-rieuse à vos yeux, mais que vous recelez en vous-même des qualités qui ne demandent qu'à être mises au jour et cultivées de façon à donner des fruits magnifiques.

Ceux qui croient tout savoir d'eux-mêmes se privent d'un esprit de découverte essentiel à leur évolution et ne lui permettent pas d'éclore. En étant conscient de vos forces, permettez à la vie de vous révéler de nouveaux aspects de vous-même, de nou-velles capacités; ouvrez-vous à l'inconnu, aux sur-prises formidables qu'il dissimule.

Prenez conscience du fait que vous ne savez pas tout de vous et laissez à vos talents cachés le loisir de se dévoiler. En adoptant une attitude d'ouverture face au présent et au futur, vous pouvez vous plonger dans un état de disponibilité propice à la découverte des dons et des capacités merveilleuses qui dorment en vous.

Que peut-il arriver à un esprit fermé? Que peut-il arriver lorsque nous nous recroquevillons sur nous-mêmes et que nous disons non à ce qui pourrait surgir et changer le cours des choses, de notre vie ? Nous bloquons nous-mêmes les ouvertures qui pourraient nous amener à concevoir les choses autrement, à nous tourner vers de nouveaux savoirs, vers de nouvelles habitudes, vers une existence plus riche.

Si vous désirez qu'un changement survienne dans votre existence, sur le plan du travail ou dans tout autre domaine, commencez par modifier votre état d'esprit, votre disposition face au changement. Permettez à celui-ci de venir à vous en créant un espace mental disposé à le recevoir. En ouvrant votre pensée à la possibilité de prendre une nouvelle direction, il est certain que vous adopterez une attitude propice à la transformation de votre vie.

Faire émerger la passion

Pour faire émerger la passion dans votre vie, vous devez tout d'abord vous plonger dans un état d'amour face à l'Univers, vous relier intensément à vos forces, à votre intuition, à votre intelligence. Vous devez animer votre étincelle de vie et la mettre en connexion avec le monde de façon que l'esprit de la passion naisse en vous-même, puis trouve écho dans votre réalité.

L'erreur ici est de rechercher un but extérieur à vous. Votre talent se trouve déjà en vous : soyez ouvert et dynamique, et il ne pourra que s'éveiller, se développer, émerger tout naturellement à travers vos intérêts.

Si vous êtes réellement attentif aux choses et que vous faites confiance à la magie de l'Univers, votre passion vous sera révélée et prendra forme spontanément dans votre vie. Vous avez donc le pouvoir de créer un espace propice à l'émergence de la passion : il suffit d'établir en vous-même un état d'amour qui ne pourra que se refléter dans vos élans créatifs et toute votre existence.

Prendre le contrôle de sa vie

Lorsque vous vous efforcez de devenir toujours plus conscient et plus éveillé, vous favorisez l'épanouissement de tout votre être, y compris, bien entendu, celui de vos talents. Si vous avez déjà traversé des périodes chaotiques, vous vous souvenez sans doute comme il est difficile de n'avoir aucune direction précise, de vous sentir ballotté et de tâtonner dans la pénombre, en proie au désarroi, à l'angoisse, à l'inquiétude.

Vous pouvez cependant tirer profit de périodes de crise semblables si vous parvenez à comprendre ce que l'Univers cherche à vous révéler sur vous-même à travers ces difficultés.

C'est ainsi que vous pouvez métamorphoser vos échecs en un matériau de réussite. En décodant le message que renfermaient ces épreuves, vous pouvez en faire des expériences utiles, de précieux outils de transformation grâce auxquels vous serez plus évolué, plus sage.

Même une expérience difficile peut être profitable si elle vous permet de mieux vous connaître et de savoir de quelle façon, à l'avenir, vous pouvez éviter certains pièges et agir autrement. Cela demande toutefois que vous ayez confiance en vous et que vous assumiez la personne que vous êtes et que vous avez été jusqu'à présent. Pour cela, pour retrouver l'amour de vous-même, vous devez vous pardonner vos erreurs et faire la paix en vous-même vis-à-vis de toutes les personnes qui ont pu vous blesser, vous mépriser ou vous faire du tort, ou même face à vous-même si vous avez eu des périodes d'autodestruction, qui découlent toujours d'un manque d'amour de soi.

Ainsi, vous devenez apte à accomplir votre mission lorsque vous vous réconciliez avec votre passé, que vous consolidez votre connexion avec votre moi supérieur et que vous prenez conscience de votre pouvoir authentique, essentiel à votre réalisation. En rétablissant le contact qui vous unit aux forces spirituelles de l'Univers, vous pouvez rétablir en vous-même le courant précieux de vos énergies créatrices.

Les aspirations nobles

Parce qu'il est connecté à votre moi supérieur, l'enfant en vous sait ce qu'il désire accomplir. Si vous le laissez s'exprimer, il vous guidera sur votre voie. Si vous êtes à l'écoute de cet enfant et de votre intuition, votre curiosité vous conduira naturellement vers la bonne direction. Pour cela, il est nécessaire que vous ayez foi en votre pouvoir authentique, en la personne que vous êtes profondément et en votre valeur profonde en tant qu'être humain ayant quelque chose d'unique à apporter à ce monde : par votre talent, par votre travail, vous pouvez le rendre plus riche, meilleur.

Ainsi, demandez-vous de quelle façon vous pourriez améliorer la vie des autres et non ce que vous pourriez faire pour obtenir davantage de biens ou d'argent. Si, à la source de vos actions, se trouvent des aspirations nobles, vous récolterez nécessairement la sérénité. Le désir de dominer les autres ne peut au contraire que vous laisser éternellement insatisfait, puisqu'il n'est pas mû par l'amour d'autrui mais plutôt par l'ego et son besoin de domination et de considération.

Si vous vous mettez au diapason des forces positives de l'Univers et si vous êtes en possession de votre pouvoir authentique, vous découvrirez le rôle que vous avez à jouer dans la vaste partition où chacun de nous a sa place, sa mission. Si vous êtes animé par un esprit de bienveillance, de générosité, d'entraide, il vous sera facile de savoir quelle est cette mission et de l'accomplir. C'est en cherchant à donner et non à prendre que vous pouvez le mieux nourrir le bonheur du monde qui, à son tour, nourrira votre bonheur.

Des intentions claires et bienveillantes sont à la source d'une satisfaction sereine. En dehors des compétitions sportives, pourquoi voudriez-vous être «meilleur que les autres»? Chacun de nous cherche avant tout à s'épanouir, à être heureux. Si vous désirez trouver un moyen de venir en aide aux autres, de contribuer à leur bonheur, et non de les écraser, vous le trouverez du côté de la progression, de l'évolution, de l'élévation de l'âme, et non de la compétitivité, de la petitesse, des satisfactions puériles de l'ego affamé d'honneurs et de reconnaissance.

Évidemment, ce que vous accomplissez n'a pas besoin d'être extraordinaire pour être valable. N'allez pas croire, par exemple, que seuls les grands compositeurs, les écrivains célèbres ou les cinéastes de grand talent puissent se hisser au rang de ceux qui contribuent à rendre ce monde plus beau, plus grand, meilleur. Toute tâche est nécessaire et a sa valeur, qu'elle soit artistique ou non. L'important est de sentir que vous êtes exactement à l'endroit où vous devez être, dans un rôle qui vous convient et vous donne un réel plaisir ainsi qu'un précieux sentiment de réalisation. Si, au contraire, chaque soir vous vous sentez anormalement vidé, si l'insatisfaction vous ronge, c'est que vous n'avez pas encore trouvé votre vocation. Car une fois que vous l'avez trouvée, vous n'êtes plus assailli par un doute constant. Vous êtes en contact avec vos forces vitales, vous les sentez à l'œuvre, et cela vous apporte une joie profonde.

Travailler, c'est donner, en quelque sorte, et ce dévouement procure du bonheur. Lorsque vous exploitez vos talents, vous contribuez, à votre manière, à façonner ce monde. Non seulement vous aidez à le rendre plus vivable, mais vous vous épanouissez aussi véritablement, vous imprimez à votre vie un mouvement qui vous porte à son tour.

Chapitre 3

Mieux se connaître

*E*n imbriquant votre petite pierre dans la vaste construction à laquelle œuvrent tous les êtres humains, vous participez à une entreprise universelle; cette pierre présente votre signature dans cette immense mosaïque. La part que chacun de nous peut y apporter est évidemment infime, mais ce sont toutes ces parcelles mises ensemble qui forment un tout extraordinaire. Chacun de nous peut œuvrer à rendre chaque jour cette mosaïque encore plus céleste et scintillante.

Il est important, pour parvenir à découvrir votre mission, de réfléchir à l'histoire de votre vie. N'oubliez pas que vos atouts sont déjà en vous et qu'ils ne demandent qu'à vous être révélés. À la manière du chercheur d'or, vous devrez peut-être fouiller un certain temps dans la terre pour y dénicher des pépites d'une valeur inestimable. Et cette recherche, même si elle devait s'avérer fastidieuse, n'en sera pas moins féconde, car elle vous permettra non seulement de découvrir votre mission, mais aussi de mieux vous connaître.

Certains chemins sont rectilignes, d'autres tortueux; tous ont leur valeur. En tâtonnant dans la pénombre pour déceler les talents qui sommeillent en vous, vous pouvez découvrir une foule de choses sur vous-même. Cette recherche, cette quête est donc l'occasion de faire de grands pas sur le chemin de la connaissance de vous-même, des autres et du monde.

∽⊙∾

La voie la plus sinueuse est la voie la plus courte aux yeux de Dieu.

Proverbe portugais

∽⊙∾

La recherche de votre mission vous révélera d'importants messages sur la personne que vous êtes. Il n'y a que vous qui puissiez les mettre au jour et en tirer profit: ils vous serviront non seulement à réaliser vos objectifs de vie, mais aussi à mieux comprendre la personne que vous êtes profondément.

Puisque tout ce qui compose votre existence est interrelié, dès que vous mettez le doigt sur un élément, que vous percez un petit mystère sur vous-même, qu'il s'agisse de votre passé ou de votre vie actuelle, vous jetez une nouvelle lumière sur d'autres aspects de votre existence. La recherche de votre mission peut donc se révéler infiniment féconde sur tous les plans.

Une fois que vous avez vu ce qu'il y avait à voir, quand la vie vous a révélé qui vous étiez réellement, votre quête devient une question : « Comment servir l'humanité du mieux que je peux?» La vie elle-même (votre travail, votre famille et chaque rencontre) vous donne l'occasion de rendre service, d'établir des liens avec les autres et de trouver un sens au moment et une raison d'être à ce qui se joue.

Dan Millman

Revoir son histoire

Voici un exercice qui vous aidera à découvrir vos capacités et vos talents. Il s'agit simplement d'écrire quelques pages sur l'histoire de votre vie. Attardez-vous à tout ce qui pourrait vous renseigner sur vos talents, comme les épisodes où vous vous êtes senti très attiré par une discipline, un loisir ou un art en particulier.

Pour chaque période de cinq ans de votre vie, tracez les grandes lignes des événements importants. Décrivez ensuite de quoi se composait votre existence au cours de cette période et ce qui vous faisait alors le plus de bien, ce qui vous transportait. Puis, relisez les quelques pages que vous venez d'écrire et, chaque fois que vous voyez la même activité émerger dans vos descriptions, fermez les yeux et plongez-vous dans la sensation qu'elle vous procurait. Éprouvez-vous une grande joie en repensant à ces moments de votre passé? Vous serait-il possible de retrouver cette joie, ce contentement, par exemple en recommençant à pratiquer cette activité ou en œuvrant dans un domaine qui s'y rattache? Voyez de quelle façon vous pourriez donner forme, dès aujourd'hui, à l'émotion que vous venez de ressentir.

Le souvenir des sentiments de contentement que vous avez éprouvés est toujours profondément ancré en vous, et cet exercice vous aidera à les faire revenir à la surface de votre conscience. En vous remémorant ces moments précis de votre passé, vous pouvez reprendre contact avec ces sources de joie qui ne demandent qu'à reprendre leur place dans votre vie.

En fait, les clés de votre accomplissement ne demandent qu'à être découvertes. En remontant le fil de votre vie, en étant à l'écoute de l'enfant et de l'adolescent que vous avez été, vous pouvez faire jaillir l'étincelle de vos talents. N'allez pas croire que ceux-ci ont pu s'éteindre : aucune mauvaise expérience, aussi pénible ou traumatisante soit-elle, n'est assez puissante pour les dissiper et tarir vos sources de joie. Elles sont toujours en vous.

Pour renforcer les bienfaits de cet exercice, demandez aux forces de l'Univers de vous guider dans la découverte de vos talents. Si vous désirez ardemment que ceux-ci vous soient dévoilés, ils le seront, d'une façon ou d'une autre. Si vous êtes décidé à ne pas laisser dormir vos forces plus longtemps, des réponses vous seront données, que ce soit sous la forme d'une intuition ou au moyen d'une lecture, d'une conversation, etc.

La clé de la conscience

Tapies dans l'ombre de votre existence, vos capacités n'attendent que de vous être révélées, elles ne demandent qu'à émerger pour transformer votre vie en une aventure palpitante. Or, c'est en accroissant votre niveau de conscience que vous pouvez créer un état favorable à leur développement. Évidemment, les effets d'un niveau de conscience élevé, qui relève de l'intelligence spirituelle, ne se limitent pas à la découverte et à la mise en action des talents : ils atteignent toutes les sphères de l'existence, comme votre attitude générale envers la vie, votre relation amoureuse, etc.

L'épanouissement de la conscience crée un climat propice à la manifestation des aptitudes et des dons, ces entités sacrées dont il importe de prendre soin pour les voir fleurir.

La méditation est un excellent moyen d'accroître votre niveau de conscience. Il en existe plusieurs formes, et quantité d'ouvrages traitent de cette discipline vieille de plusieurs millénaires et reconnue pour ses vertus apaisantes. Généralement, il est préférable de la pratiquer matin et soir, dans un endroit calme et retiré, pendant une vingtaine de minutes.

L'une des formes les plus simples de méditation consiste à vous asseoir en lotus (ou bien droit, sur une chaise, si vous avez des problèmes de dos), les yeux ouverts, regardant à un mètre ou deux devant vous, et de vous concentrer sur votre respiration en veillant à n'entretenir aucune pensée. Ainsi, dès qu'une pensée survient, laissez-la mourir aussitôt, ne vous y accrochez pas. Restez calme, détendu, ressentez votre présence au monde sans chercher à la fixer au moyen d'une pensée. Soyez présent et attentif à votre corps, sans plus.

En très peu de temps, la méditation pratiquée tous les jours peut fortifier votre concentration et favoriser un niveau de conscience plus élevé. Vous observerez également que vous avez une plus grande facilité à dominer vos colères et à être serein face aux événements. Ce n'est pas pour rien que tous les grands maîtres de l'Orient la recommandent et qu'un nombre toujours croissant d'Occidentaux l'intègrent à leur routine quotidienne.

Le guerrier de la lumière médite. Il s'assoit tranquillement dans sa tente et s'abandonne à la lumière divine.

Il fait le vide dans son esprit et ne pense à rien; il se détache de la recherche des plaisirs, des défis et des révélations, et laisse ses dons et ses pouvoirs se manifester.

Même s'il ne les perçoit pas tout de suite, ces dons et ces pouvoirs gouvernent sa vie et influent sur son quotidien.

Tandis qu'il médite, le guerrier cesse d'être seulement lui-même et devient une étincelle de l'Âme du Monde. Ce sont ces moments qui lui permettent de comprendre quelle est sa responsabilité et d'agir en accord avec elle.

Un guerrier de la lumière sait que, dans le silence de son cœur, il existe un ordre qui le guide.

Paulo Coelho, Manuel du guerrier de la lumière

∽⪧⊙⪦∾

La prière est un autre moyen d'élever notre niveau de conscience. En nous connectant avec ce que nous pourrions désigner sous le nom de forces supérieures de l'Univers et que d'autres appellent Dieu ou le Grand Créateur, nous pouvons nous relier à la part de sacré qui nous habite. Toutes les prières ont pour effet de laisser entrer en nous le divin, le merveilleux, la grande source sacrée du monde. Plus nous sommes connectés à cette source, plus notre mission nous apparaît avec force et avec clarté.

∽⪧⊙⪦∾

La prière, comme la méditation, peut conduire à une expérience de transformation intérieure, où notre connexion avec le divin induit un état extatique durant lequel nous ne faisons plus qu'un avec la totalité de l'Univers.

James Redfield

∽⪧⊙⪦∾

L'ouverture à l'inconnu

Si vous êtes réellement à l'écoute de ce qui se passe en vous et autour de vous, et si vous êtes bien décidé à vous réaliser sur le plan du travail, nul doute que vous créerez les conditions propices à l'éclosion de vos dons. Cela demande que vous soyez non seulement conscient de ce que vous désirez vivre, mais aussi véritablement ouvert à l'inconnu.

Ainsi, laissez la vie glisser de petites plages d'imprévus dans ce que vous avez planifié, laissez-la vous donner l'occasion de vivre des situations qui pourraient vous révéler des capacités que vous ignorez peut-être encore. Par exemple, une de mes amies a trouvé sa voie en assistant à un atelier de peinture auquel un camarade de travail l'avait invitée à participer. Elle prit un tel plaisir à faire glisser son pinceau sur la toile que cela changea sa vie. Au début, la peinture n'était pour elle qu'un passe-temps, puis peu à peu elle se rendit compte que rien ne lui procurait autant de plaisir, de joie profonde. Devant cette constataion, elle décida de donner une nouvelle orientation à son travail. Elle a donc réaménagé son existence en fonction de son art et, aujourd'hui, elle gagne sa vie en vendant ses œuvres et en donnant elle-même des cours de peinture.

En fait, plus vous êtes rigide, plus vous êtes fermé aux nouvelles expériences, moins ce type de révélation peut survenir dans votre vie. Ainsi, le besoin de tout contrôler peut devenir un ennemi implacable, car il élimine les ouvertures, les interstices par lesquels peuvent se glisser les hasards fabuleux de la vie, qui sont autant d'occasions de progresser, de vous trouver.

Veillez donc à faire une bonne place à l'improvisation, car il se pourrait bien que celle-ci vous mène à des destinations auxquelles vous n'auriez jamais songé. Cela me fait penser à l'histoire de Margot, qui sut voguer au gré des événements et ainsi trouver sa voie. Malheureuse dans un emploi d'agente de bord pour une compagnie aérienne, elle désirait depuis longtemps changer de boulot et même davantage : elle voulait trouver sa vocation dans un domaine qui la passionnerait. Un de ses amis qui travaillait dans le cinéma lui téléphona pour savoir si par hasard elle pourrait venir le jour même donner un coup de main sur un tournage en raison d'un désistement imprévu. Cela tombait mal, puisqu'elle s'apprêtait à partir en vacances, mais elle accepta tout de même pour lui rendre service. Elle ne le regretta pas, puisqu'elle eut alors un véritable coup de foudre pour le travail en cinéma, où elle se sentit immédiatement comme un poisson dans l'eau. Ce fut une révélation. Aujourd'hui, Margot est réalisatrice de films et sa carrière, amorcée par le biais d'un simple coup de main, lui apporte une immense satisfaction.

L'histoire de Margot illustre à merveille combien il est important d'être disponible à ce qui se présente à vous. Si vous êtes à cheval sur les programmes que vous vous fixez, sur les horaires tout tracés d'avance, il sera beaucoup plus difficile à votre mission de se manifester à vous. Cela ne signifie pas que vous deviez dire oui à tout ce que l'on vous propose, bien sûr: si une expérience ne vous attire aucunement, il ne sert à rien de la tenter. Mais gardez bien à l'esprit que l'émergence de votre mission peut prendre toutes sortes de détours, même les plus inattendus, pour se présenter dans votre vie. Être ouvert aux changements, aux circonstances imprévues, c'est saisir autant d'occasions d'élargir votre univers, d'accroître vos expériences, de favoriser une meilleure connaissance de vous-même et du monde.

Pour savoir si une expérience pourrait vous être profitable, vous devez être très à l'écoute de votre intuition et vous laisser guider par elle, sans toutefois mettre de côté votre discernement. Lorsqu'une invitation vous est lancée ou qu'une suggestion vous est faite, ne la mettez pas de côté sans même vous pencher sur la question. Examinez-la, voyez si elle ne vous permettrait pas d'explorer un nouveau champ d'activité où vous pourriez vous épanouir.

Si vous vous en tenez toujours à ce que vous aviez prévu, planifié à l'intérieur d'un périmètre très précis, vous ne pouvez espérer que votre mission se révélera à vous, car vous limitez les chances qu'elle se manifeste par le biais d'un événement sortant de l'ordinaire.

Soyez réceptif aux événements, car à travers eux vous pourriez bien voir jaillir l'étincelle de votre mission.

Lorsque vous êtes à la recherche de votre mission, gardez en tête que la souplesse est un atout primordial ; en effet, c'est souvent à travers des imprévus que l'Univers révèle les talents et les aptitudes. Sachez planifier vos journées, certes, mais soyez toujours ouvert à la surprise, à l'inattendu. Par exemple, c'est souvent par le biais d'une rencontre que surviennent les possibilités d'une nouvelle vie. Donc, lorsque vous avez l'occasion d'échanger avec les gens, soyez ouvert, curieux, réceptif à ce qu'ils vous disent. Un simple dialogue peut vous lancer sur la voie de la découverte de vos dons. Soyez attentif à ce qui se présente à vous.

Cette réceptivité, cette ouverture, peut se traduire de diverses manières. Ainsi, une lecture ou un reportage télé sur un sujet qui vous intéresse peut mener à la découverte d'un talent. En fait, plus vous êtes ouvert à ce qui se présente à vous, plus vous êtes réceptif, plus il y a de chances que vous entendiez l'appel de votre mission.

Évidemment, une réorientation demande souvent des ajustements qui ne sont pas sans nécessiter des efforts. Ainsi, il est possible que vous deviez entreprendre des études appropriées pour œuvrer dans le domaine qui vous intéresse. Cela ne devrait toutefois pas refroidir vos ardeurs. La découverte d'un but est une chose formidable, et tous les jalons qui y mènent recèlent leur lot d'apprentissages bénéfiques.

Effacer les messages d'échec

Cette faculté d'ouverture, qui est à la base de la découverte de votre vocation, peut toutefois être bloquée par des années de conditionnement négatif en ce qui a trait à vos capacités. Si vous avez eu jusqu'à présent le sentiment de ne pas être en mesure d'atteindre la réussite, c'est sans doute que vous avez développé une mentalité d'échec qui vous empêche, encore aujourd'hui, de vous réaliser. Dans ce cas, vous êtes forcément aux prises avec un défaitisme qui nuit à tout effort de changement, et il est primordial que vous vous efforciez de déprogrammer ces conditionnements négatifs du passé.

Comme nous l'avons vu, le processus du pardon peut vous aider considérablement à dissoudre les schémas négatifs qui ont entraîné ces conditionnements. Vous devez aussi veiller à transformer votre façon de penser afin de recommencer à avoir foi en vous-même : alors vous pourrez avoir des rêves et vous mettre à l'œuvre afin qu'ils prennent forme dans votre vie.

❦

Aucun pessimiste n'a jamais découvert les secrets des étoiles, navigué vers des terres inconnues, ou ouvert un horizon nouveau à l'esprit humain.

Helen Keller

❦

Programmer la réussite

Sans une confiance inébranlable en vos forces, vous ne pourrez résister aux moindres vents contraires à vos efforts. Vous devez donc avoir une grande foi en vos capacités, et pour cela, apprendre à dissoudre les pensées négatives que vous avez entretenues sur vous-même depuis toutes ces années. Il ne s'agit pas d'être irréaliste et de croire que, par une sorte de pensée magique, vous pouvez faire naître en vous des talents inouïs (devenir un grand pianiste de concert, par exemple, si vous n'avez pas un talent hors du commun). Il s'agit plutôt de récupérer votre pouvoir et votre force, de rebâtir peu à peu votre foi en vous-même de façon que vous puissiez désormais accéder au rôle dont vous avez toujours rêvé au fond de vous. Ou peut-être n'avez-vous jamais même osé y rêver, étant convaincu de ne pas être à la hauteur, ce qui ne veut pas dire que vous ne puissiez atteindre votre but.

L'important ici est de faire place à votre idéal, de vous permettre de rêver. Chassez les programmations négatives et recommencez à vous considérer comme une personne capable d'acquérir les aptitudes nécessaires à la réalisation de vos rêves. Si vous n'avez pas eu d'idéaux jusqu'ici ou si vous les avez négligés, vous devrez vous défaire des schémas de pensée limitatifs que vous avez entretenus depuis toujours. Vous y parviendrez en commençant à vous aimer inconditionnellement, en prenant conscience des talents qui vous ont été donnés et en faisant peu à peu des gestes qui vous permettront d'explorer ces talents, de les faire grandir, de les laisser s'épanouir, au point où vous serez vous-même surpris de leur ampleur.

D'une certaine façon, vous n'êtes qu'un canal dans l'Univers par lequel ces talents peuvent se manifester, et c'est pourquoi l'humilité caractérise tant de gens qui ont réussi : ceux-ci ne se perçoivent souvent que comme l'instrument d'un don qu'ils ont reçu et qui s'est exprimé à travers eux, un don venu du ciel ou de Dieu, qu'ils n'ont fait qu'exploiter au service des autres.

Un outil efficace : la visualisation

Tant que vous êtes figé dans une attitude passive, vous ne pouvez ressentir les énergies merveilleuses qui se trouvent à la source du désir d'élaborer des projets et de les mettre en œuvre. Cette passivité provient la plupart du temps d'une image négative de vous-même qu'il faut cesser d'alimenter afin qu'elle ne vous prive plus de vos énergies.

Ainsi, ne laissez pas votre passé, aussi difficile soit-il, vous amener à douter de vous, de vos capacités. En délaissant les croyances rigides que vous avez jusqu'ici entretenues sur vous-même, vous pouvez mettre fin à vos attitudes négatives et transformer votre réalité.

⁓ᗧᑎᗤ⁓

Pour l'esprit terne, toute la nature est terne. Pour l'esprit illuminé, le monde entier flambe et rayonne.

Ralph Waldo Emerson

⁓ᗧᑎᗤ⁓

Si vous vous sentez bloqué dans vos rêves, vous devez sans tarder chercher à comprendre ce qui entrave la réalisation de vos désirs. Pour effacer les craintes que vous pouvez avoir face aux changements, même positifs – la volonté inconsciente d'échec peut être très puissante –, vous devez commencer à forger à propos de vous-même de nouvelles images mentales. N'oubliez pas que celles-ci sont à l'origine de vos pensées, de vos attitudes, de vos comportements.

Si vous avez une faible estime de vous-même, vous devez renverser ces images mentales négatives si déterminantes, qui vous placent d'emblée dans un rôle de perdant, et que vous nourrissez probablement depuis des années, car ce sont elles qui vous plongent dans un état de stagnation. En les remplaçant par des images positives de vous-même, vous acquerrez forcément, avec le temps, une nouvelle façon de penser et de vous comporter.

Développer ses qualités

Quelles qualités et quelles capacités avez-vous besoin de développer? Faites une liste de tout ce qui pourrait vous amener à être une personne plus équilibrée, plus épanouie. De quelle façon pourriez-vous concrètement commencer à exploiter ces qualités, à les mettre de l'avant? Visualisez que vous les avez parfaitement assimilées. Prenez le temps de bien imaginer comment vous vous sentez.

Par exemple, si vous voulez devenir une personne ponctuelle, visualisez que vous développez la capacité de préparer toutes vos choses le soir pour le lendemain et que vous apprenez à vous discipliner sans problème. Ainsi, imaginez-vous coucher tôt et le lendemain partir de chez vous à l'avance, parfaitement reposé, avec le sentiment d'être maître de votre temps et de votre vie. Visualisez-vous arriver à vos rendez-vous plusieurs minutes à l'avance, tout à fait serein, sûr de vous, au-dessus de vos affaires.

Quelle que soit la qualité que vous cherchez à développer, vous pouvez l'attirer à vous si vous le voulez. Répétez cet exercice régulièrement et, dans la vie réelle, prenez tous les moyens nécessaires pour lui donner forme. Élaborez des images spécifiques de ce que vous voulez mettre de l'avant et visualisez-les mentalement tous les jours, tout en passant à l'action : il ne s'agit surtout pas de rester dans le vague, de ne faire qu'y penser. Faites le nécessaire pour surmonter les obstacles qui vous empêchent d'évoluer vers les buts que vous visez.

La visualisation est un outil extraordinaire car elle trace la voie aux idéaux que vous désirez atteindre, elle les rend possibles plus rapidement, elle aide à éliminer les lacunes et les peurs. En imprégnant votre façon de penser de nouveaux schémas positifs, vous pouvez transformer votre réalité. Ainsi, si vous avez tendance à imaginer le pire, la visualisation vous permettra de changer cette programmation négative et de développer vos forces. Les *patterns* d'échec trouvent leur origine dans votre façon de penser, et ce n'est donc qu'en changeant celle-ci que vous pouvez y mettre fin. Pour atteindre la réussite, vous devez changer à la fois votre façon de penser et votre façon d'agir.

Chapitre 4

Programmer le succès

*L*e succès n'est pas une chose qui arrive par hasard, mais un état que vous pouvez favoriser, créer. Si vous générez des énergies positives, il est certain que vous progresserez sans entrave vers vos idéaux. Si vous apprenez à vous connecter à votre moi profond et à enrayer vos émotions négatives, il vous sera facile de déployer toutes les énergies nécessaires à l'accomplissement de votre mission.

Qu'est-ce que la réussite ?

La réussite personnelle ne dépend pas de la marque de votre voiture, de la grandeur de votre maison, de l'étendue de vos richesses ou des gens en vue que vous connaissez. Elle devrait plutôt résider dans votre satisfaction face à votre propre cheminement, ce qui est loin de se limiter à la somme de vos avoirs. Il y a mille façons de réussir, mille façons de s'épanouir. Tout dépend de la manière dont vous avez envie de vivre et de vos priorités.

Il s'agit de trouver ce qui vous convient le mieux, indépendamment de ce qu'en pensent les autres. Peut-être avez-vous eu pour modèles des gens dont la façon de vivre, après tout, n'illustre pas ce qu'est la réussite pour vous. Après avoir essayé de leur ressembler, vous avez découvert que tous vos efforts pour y parvenir étaient vains. Dans ce cas, vous n'avez tout simplement pas investi vos énergies dans la recherche d'un mode de vie qui vous attire réellement.

Beaucoup de gens ont un travail qui correspond à ce que leur entourage ou leur milieu attendait d'eux, mais qui n'est pas adapté à leurs goûts réels. Il en résulte une insatisfaction chronique qui se reflète dans toutes les facettes de leur vie. En effet, comment pouvons-nous être heureux lorsque nous ne nous épanouissons pas dans ce que nous faisons pendant de nombreuses heures chaque semaine? Cette situation survient lorsque nous n'avons pas cherché à trouver notre identité propre ou lorsque des blocages ont empêché nos dons de se manifester à nous-mêmes. Parfois aussi, la peur de nous éloigner de ce que nous connaissons ou la crainte de l'insécurité explique la difficulté à prendre une nouvelle direction. Pourtant, lorsque nous y pensons bien, stagner dans un rôle qui ne nous convient pas n'est pas moins effrayant.

Il importe donc de cerner vos désirs, de savoir quel type de vie professionnelle vous correspond réellement, sans chercher à faire plaisir à vos parents ou à vos amis. Vous seul pouvez savoir ce que vous désirez au fond de vous, ce que pourrait être pour vous un but stimulant, qui vous amènerait à commencer vos journées le cœur léger et avec enthousiasme.

C'est en faisant l'expérience de l'amour inconditionnel envers vous-même que vous trouverez l'élan nécessaire pour imprimer à votre vie un mouvement positif allant dans le sens de vos rêves. Lorsque vous appréciez pleinement la personne que vous êtes, vous rendez possible le changement désiré, vous créez un terrain propice à l'éclosion de vos forces.

Si vous avez tendance à attendre que les choses se manifestent à vous, si vous restez passif devant les événements plutôt que d'y participer à votre manière, vous ne pouvez espérer vous sentir véritablement en vie, véritablement vous-même. Ce n'est qu'en entrant dans la danse de la vie, en réalisant quelque chose, en donnant ce que vous pouvez donner, que vous pouvez entrer en contact avec votre pouvoir authentique, qui est la clé de votre succès. Or, il n'y a que vous qui puissiez décider d'accéder à votre pouvoir authentique, et ainsi vous réaliser.

L'amour inconditionnel envers vous-même est fabuleux car il peut vous révéler votre beauté, votre bonté, vos qualités et vos talents. Il s'agit donc de le laisser éclore. Tant qu'il se trouve bloqué par la colère, la rancune, la honte ou tout autre sentiment négatif, il ne peut circuler librement dans votre vie. C'est pourquoi il est si important que vous fassiez, grâce à l'esprit de compassion, la paix avec vous-même et avec les autres, ce qui aura pour effet de défaire les nœuds qui vous empêchent de devenir une personne épanouie et confiante.

Tant que vous traînez des boulets liés à votre passé, vous ne pouvez qu'éprouver de la difficulté à vous réaliser pleinement car vous êtes nécessairement prisonnier du ressentiment ou de regrets. Ceux-ci ont pour effet de maintenir l'être humain dans un état d'esprit négatif le privant de sa vitalité et d'une énergie constructive.

Par l'esprit de compassion, vous pouvez retrouver un profond sentiment de joie qui s'exprimera dans toute votre vie, sur tous les plans, dont celui du travail. Dès que l'énergie vitale commence à circuler librement dans votre existence, vous sortez de votre passivité pour plonger dans l'action, vous êtes porté par l'amour inconditionnel de vous-même et des autres, porté par l'amour de tout ce qui constitue l'Univers. Vous êtes pleinement réceptif à la beauté du monde, vous la percevez et la voyez clairement, vous n'y êtes plus fermé et elle vous apparaît donc dans toute sa splendeur, dans toute sa magnificence. Alors, vous ne sous-estimez ni votre place dans ce monde, ni vos talents, ni vos qualités. Au contraire, vous y croyez et les utilisez, car vous les ressentez profondément et êtes réellement habité par eux.

ᴖᴖᴏᴑᴏᴖᴖ

Le secret de la réussite personnelle, c'est de toujours rester au contact de notre paix, de notre joie, de notre confiance et de notre amour intérieur. Si nous sommes rassurés quant à notre capacité à obtenir ce que nous désirons, si nous sentons que nous disposons des moyens de développer cette aptitude, si nous avons la conviction d'être sur la bonne voie, nous cessons de vivre en proie à une impatience et à une agitation constante. Nous acceptons que l'existence soit un processus et nous comprenons qu'il faut parfois du temps pour réaliser nos souhaits.

John Gray

ᴖᴖᴏᴑᴏᴖᴖ

L'esprit de compassion permet non seulement de ne pas juger les autres, mais aussi de ne pas vous juger pour vos erreurs passées, ni en regard de ce qui vous fait défaut dans votre vie actuelle. La réponse à vos questions ne se trouve pas dans le blâme, dans la condamnation de vos gestes passés ni de ceux des autres : elle réside plutôt dans votre pouvoir de transformer ce qui ne vous convient pas et dans celui d'accepter ce que vous ne pouvez pas changer. Ainsi, vous pouvez avoir sur vous-même un regard empreint de sagesse, donnant sa juste place à votre pouvoir sur votre vie, qui est en fait très grand.

Lorsque vous développez votre conscience, votre perception des choses est si aiguisée que vous discernez sans peine leur aspect spirituel. Ainsi, vous n'œuvrez pas à votre réussite au sens où on l'entend habituellement, qui consiste surtout à multiplier ses possessions et à accéder à un certain prestige : vous œuvrez avant tout à l'épanouissement de votre être profond ainsi qu'à l'accomplissement de vos désirs les plus nobles.

Cet état merveilleux de conscience élevée, vous pouvez en faire l'expérience lorsque vous vivez pleinement l'instant présent. C'est ainsi que vos talents peuvent se manifester, puisque vous leur permettez de prendre forme dans vos pensées et d'émerger dans vos actions.

Suivre sa voie propre

L'un des grands secrets de la réussite consiste à ne pas trop tenter de plaire aux autres: ainsi, ne les laissez ni définir la personne que vous êtes, ni penser à votre place, ni vous dicter ce que devraient être vos rêves en fonction de ce qu'ils pensent de vous. Lorsque vous laissez les autres prendre une place importante dans l'image que vous vous faites de vous-même, vous remettez entre leurs mains une grande partie de votre pouvoir sur vous-même. Le problème alors, c'est que vous n'analysez pas votre situation en fonction de vous, de vos aspirations et de vos désirs profonds, mais en fonction des goûts et des opinions des autres, ce qui revient, sans que cela soit nécessairement conscient, à leur céder les commandes de votre destinée. Pour retrouver foi en vous-même, vous devez donc faire vous-même vos choix et les assumer totalement, prendre la responsabilité entière de votre situation actuelle et de vos décisions.

Cela n'empêche pas de consulter les autres sur certains aspects de votre mission. Assurez-vous toutefois qu'il s'agit de gens positifs et qui croient en vous. Ne leur octroyez pas cependant un pouvoir abusif, un pouvoir qu'ils ne devraient pas avoir. Prenez vous-même la décision finale, en vous fiant à votre propre jugement ainsi qu'à votre intuition:

développez le plus possible ces facultés. Efforcez-vous d'assimiler les leçons que renferment tous les pépins et problèmes qui surviennent dans votre vie. S'ils existent, c'est pour vous enseigner quelque chose, et vous progresserez plus rapidement en y réfléchissant bien qu'en en parlant longuement avec vos amis.

Trop suivre les conseils des autres nous empêche de nous sentir réellement l'auteur de nos actes ; cela a souvent pour effet de diluer, pour ainsi dire, la conscience de la responsabilité. Prendre nos décisions nous-mêmes et nous pencher nous-mêmes sur nos difficultés, sans chercher à tout moment à nous appuyer sur le jugement des autres, nous amènera à développer nos forces. C'est parfois pour leur donner le sentiment d'être utiles que nous demandons conseil aux autres, ou simplement pour attirer leur attention. Mais le problème alors, c'est que nous nous habituons à nous appuyer sur eux et que nous ne développons pas notre autonomie, notre capacité à régler nous-mêmes nos difficultés. En leur donnant une grande place dans la façon dont nous menons notre vie, en leur permettant d'avoir leur mot à dire sur les moindres détails des choix que nous avons à faire, nous pouvons finir par ne plus être véritablement aux commandes de notre destinée. Il est primordial dans ce cas de rétablir la connexion avec notre moi profond afin de retrouver l'harmonie en nous-mêmes, grâce à laquelle nous ne sentirons plus le besoin d'être constamment réconfortés, soutenus ou conseillés par les autres. Nous deviendrons alors notre propre guide, capables de faire nous-mêmes des choix judicieux.

Lorsque vous prenez vous-même la plupart de vos décisions, vous devenez maître de votre existence et vous vous donnez la possibilité de tirer des leçons de ce qui survient dans votre vie. Vous agissez alors en fonction de votre propre expérience et vous ne vous laissez pas influencer par quiconque : vous savez être attentif aux autres, vous êtes ouvert à ce qu'ils vous disent, vous les respectez, mais en tout temps vous faites assez confiance à votre intuition et à votre jugement pour prendre vous-même les décisions qui s'imposent. Ce sentiment de liberté est précieux : ne laissez personne mener votre vie à votre place, ne vous rendez pas dépendant de qui que ce soit. Tenez à vos rêves, à vos aspirations, à votre unicité, à tout ce qui fait que vous êtes *vous*.

Assumez totalement vos choix et les gestes que vous faites, soyez jaloux de votre indépendance et développez votre personnalité : ne cherchez surtout pas à agir en fonction de ce que l'on attend de vous, simplement pour correspondre à l'image que l'on se fait de vous. Personne ne peut prétendre vous connaître mieux que vous-même, et vous serez surpris de tout ce que vous pouvez accomplir si vous vous laissez porter par l'élan de votre créativité et par votre désir de vous réaliser.

C'est en vous et seulement en vous que résident les réponses à vos questions, et ce n'est qu'à travers *votre* expérience et *votre* compréhension de celle-ci que vous trouverez ces réponses. Si vous comptez sur les autres pour découvrir la personne que vous êtes, c'est que vous n'êtes pas aux commandes de votre existence.

Pour devenir une personne épanouie, et ce, sur tous les plans, ne vous appuyez pas trop sur le jugement de vos proches ou de vos amis : suivez votre voix intérieure, fiez-vous à votre jugement et agissez en fonction de vos impulsions.

Il faut souligner aussi que lorsque vous amorcez votre voyage vers le succès, il se peut fort bien que certaines personnes tentent de vous dissuader de poursuivre votre mission, surtout au début. En fait, les gens ont une image de vous qu'ils ne sont pas nécessairement prêts à modifier. Au cours des dernières années ou même pendant toute votre vie, ils vous ont vu d'une certaine manière, et voici que vous vous lancez à la conquête de vos rêves. Quelle surprise pour eux !

Ces personnes que votre succès dérange un peu peuvent aller jusqu'à se moquer de vous ou même tenter de vous dissuader de persévérer dans vos projets. Ne tenez pas compte de leurs conseils. Il y a de grandes chances que ceux-ci reposent sur l'envie ou sur le fait qu'elles se sont habituées à vous traiter avec paternalisme. En devenant une personne plus sûre de vous, davantage en possession de vos moyens, vous vous éloignez de l'image que les autres se sont faite de vous et les obligez ainsi à redéfinir le rôle que chacun s'est assigné dans la relation. Vous affranchir d'un rôle n'est pas sans difficulté, même si cela provient d'un changement positif, et cela peut prendre un certain temps avant que les autres s'adaptent à vos nouveaux choix.

Cela pourrait bien vous obliger à surmonter la peur du rejet face à votre entourage. En effet, cela fait partie des embûches sur le chemin à parcourir lorsque vous vous lancez à la conquête de vos rêves. Vous ne pouvez changer sans changer vos relations du même coup; vous ne pouvez vous transformer sans engendrer un nouveau dynamisme où les autres vous voient autrement. Ainsi, lorsque vous commencez à gouverner votre vie, lorsque vous brisez les entraves qui vous empêchaient de vous prendre en main et d'exprimer pleinement votre potentiel, vous vous affirmez nécessairement davantage, et cela peut entraîner une profonde métamorphose de votre façon de concevoir vos rapports avec les autres.

Conserver son pouvoir

Si vous avez envie de parler de vos projets, faites-le plutôt avec des gens qui croient en vous et qui vous aiment profondément. Ceux-là n'auront qu'une envie : vous encourager à trouver votre voie et à vous dépasser. Il se peut qu'ils émettent des critiques à l'égard de vos décisions ; ne rejetez pas du revers de la main tout ce qu'ils vous disent. Parfois, la collaboration d'une personne dotée d'un bon jugement et se trouvant à l'extérieur de la situation peut s'avérer précieuse. Sachez distinguer ceux qui ne cherchent qu'à vous décourager sans raison valable de ceux qui tentent de vous amener à progresser encore plus efficacement que vous ne le faites.

Il faut cependant veiller à ce que votre besoin d'être conseillé ne provienne pas d'un besoin d'approbation si fort qu'il pourrait nuire à la poursuite de vos objectifs. Effectivement, vous devez observer si votre besoin d'affection et d'approbation ne vous entraîne pas à agir en fonction de l'opinion d'autrui, au détriment de votre propre jugement. Le besoin d'amour, le besoin de plaire aurait alors pour effet de camoufler vos goûts profonds et de vous entraîner à perdre de vue votre identité réelle.

Ainsi, ne faites rien pour plaire à quelqu'un, à votre milieu ou aux gens que vous admirez. Efforcez-vous plutôt de découvrir la personne que *vous* êtes. Cette personne est unique, tout comme vos talents le sont, et nul ne pourrait tracer votre voie pour vous, savoir de quelle façon vous devriez mener votre existence. Quand vous avez des choix à faire, faites-les en fonction de vous. Ne donnez pas aux autres, que ce soit vos parents, vos amis ou qui que ce soit d'autre, un trop grand pouvoir sur vous. Ne leur permettez pas d'influencer votre destinée pour leur faire plaisir, car ils ne la vivront pas à votre place. En fait, vous seul pouvez reconnaître le sentiment que vous éprouvez lorsque la flamme de l'amour du travail s'éveille en vous, et vous êtes donc la personne la mieux placée pour prendre les décisions qui se rattachent à votre mission.

Si vous cherchez encore à répondre aux attentes des autres, c'est que vous ne situez pas ce que nous pourrions appeler votre centre de gravité en vous-même, mais en eux, et c'est ce qu'il vous faut rétablir. Vous pouvez demander aux forces supérieures de l'Univers de vous aider à vous faire confiance et à être davantage en contact avec vous-même. Voyez aussi les changements que vous pourriez apporter à votre vie afin qu'elle vous ressemble davantage.

L'amour que nous cherchons à travers les autres ne pourra jamais remplacer l'amour de nous-mêmes, qui donne accès au véritable pouvoir sur notre vie. Ce pouvoir merveilleux, qui nous est donné à tous, permet de résoudre toute énigme qui se présente à nous, tout comme il permet de creuser en nous-mêmes afin de découvrir nos talents, nos dons, nos aptitudes.

Cette recherche, vous ne pouvez l'entreprendre que lorsque vous avez trouvé votre centre ainsi que l'amour véritable de vous-même. Croire que les autres et le monde extérieur possèdent des réponses que vous n'avez pas serait une erreur. Certes, les autres peuvent vous aider à devenir la personne que vous voulez être, certes ils peuvent vous aider à réaliser vos désirs, vous donner un coup de pouce au besoin, mais ils ne peuvent établir à votre place la connexion essentielle avec votre moi profond qui vous permettra d'accéder à une conscience supérieure.

⟨∙ᴑᴑᴑ∙⟩

L'homme est ce qu'il a décidé d'être.

Jean-Paul Sartre

⟨∙ᴑᴑᴑ∙⟩

Si vous voulez obtenir du succès, vous devez, quel que soit le domaine que vous avez choisi, faire tout ce qu'il faut pour être le plus renseigné possible sur tous les aspects de votre métier ou de votre art. Ainsi, plus vous aurez de connaissances sur l'objet de votre travail, plus vous serez en mesure de vous dépasser et de vous sentir véritablement maître de votre destinée sur le plan professionnel. Si vous ne faites que des efforts minimums sur le plan de l'apprentissage, vous n'obtiendrez que des résultats médiocres. Si, au contraire, vous vous consacrez sérieusement à ce qui vous intéresse, vous développerez une expertise qui fera de vous une personne vouée au succès.

Nul ne devient un expert dans son domaine sans y mettre des années de labeur, et il ne faut surtout pas vous imaginer que vous pouvez aisément, par une forme de pensée magique, devenir du jour au lendemain un spécialiste de votre domaine. Car qui dit spécialiste dit personne d'expérience, et l'expérience ne s'acquiert qu'avec le temps et la persévérance. Cependant, il est possible de faire en sorte que cela ne soit pas pénible. Lorsque vous êtes connecté à votre moi supérieur et que vous avez foi en vous-même, vous pouvez vous concentrer sans peine sur votre objectif et régler tous les problèmes qui se posent à vous.

S'éveiller à la connaissance

Vous créez votre réalité à partir de votre faculté de maximiser votre réceptivité au monde extérieur. Lorsque vous vous ouvrez à tout ce que l'Univers peut vous apporter en termes de savoir, vous aiguisez vos capacités intellectuelles et l'apprentissage de toute chose se fait beaucoup plus facilement. Être une personne éveillée, à l'affût des connaissances, est à la portée de chacun de nous.

N'attendez pas, dans une attitude passive, que le savoir vienne à vous : soyez plutôt en éveil, fin prêt à accueillir la connaissance qui s'offre à vous. Aiguisez votre attention, soyez à l'écoute. En fait, être en éveil est un état qui s'entretient, se conditionne. C'est une habitude à prendre, et une fois engagé sur ce chemin, vous vous surprendrez à apprécier les fleurs innombrables semées par la connaissance. Certes, cela peut demander, du moins au début, un certain travail sur vous-même, et mettre en mouvement les mécanismes de la recherche de savoir peut parfois sembler ardu, difficile. Cependant, les bienfaits qui en découlent sont infinis. En effet, cette forme de réceptivité à la connaissance est fabuleuse car elle donne accès à une vie riche en trésors, certains aidant à mieux vivre sur le plan pratique, d'autres permettant de mieux saisir la réalité cachée des phénomènes abstraits.

Si vous avez envie de progresser, de vous éveiller sur le plan de l'apprentissage, il vous sera très utile de faire des séances de visualisation afin de développer votre curiosité intellectuelle et votre mémoire. Au cours de celles-ci, imaginez que vous devenez beaucoup plus intéressé par le monde qui vous entoure, que vous êtes beaucoup plus attentif à tout ce que vous lisez et entendez et que vous devenez plus perspicace. Visualisez que vous emmagasinez aisément les connaissances et que vous avez des conversations passionnantes avec des gens éveillés eux aussi, qui apprécient discuter avec vous. Pratiquées régulièrement, ces séances de visualisation vous aideront à être plus pétillant, plus éveillé.

Peut-être vous êtes-vous toujours perçu comme une personne peu douée sur le plan de l'apprentissage intellectuel, pour qui il n'est pas aisé d'acquérir des éléments de savoir. Dans ce cas, détrompez-vous : les capacités intellectuelles peuvent être développées grâce au travail sur soi-même, notamment grâce à une meilleure attention et à une meilleure concentration, ce que la méditation aide grandement à faire.

Ainsi, il n'est jamais trop tard pour acquérir une capacité accrue de concentration et de réflexion, qui se trouve au centre d'une vie active sur le plan de l'esprit. En d'autres termes, vous pouvez favoriser votre vivacité intellectuelle en alimentant activement vos connaissances de façon à devenir une personne de plus en plus curieuse, cultivée, au courant de l'actualité, en bref, éveillée.

En fait, avoir une vision spirituelle et être connecté aux forces supérieures de l'Univers ne signifie aucunement être «débranché» du monde, de l'action, puisque c'est aussi à travers tout cela que vous pouvez ressentir votre présence à la vie, par tous ces chemins qui peuvent constituer le fruit d'une expérience.

Il y a certaines périodes, bien sûr, où vous pouvez sentir le besoin de vous ressourcer, de refaire le plein d'énergie, et où vous ne vous sentez pas aussi disposé à recevoir et à donner. Alors, vous devez écouter votre être intérieur et lui offrir ce repos qu'il désire. Dès que vous aurez recouvré vos énergies vitales, vous vous tournerez naturellement vers la vie qui vous entoure pour reprendre cet échange fascinant où vous vous nourrissez au puits de la connaissance et du monde pour apporter aux êtres et aux choses ce que vous seul pouvez leur apporter, puisque vous êtes unique.

L'action bien menée

En modifiant notre état de conscience grâce à une vision spirituelle du monde ainsi qu'à la méditation, nous pouvons améliorer nos façons d'agir et accroître notre efficacité. Le Dalaï-Lama parle à cet effet de « l'attention portée à toutes nos actions ».

Plus vous savez observer les choses, plus vous êtes maître de la situation. Cela signifie, dans les faits, que vous devez prendre le temps d'assimiler ce qui se présente à vous : ne pas sauter aux conclusions, être réceptif aux signaux qui surgissent çà et là pour vous indiquer les comportements que vous pourriez modifier afin d'optimiser le résultat de vos efforts.

Misez ainsi sur une bonne préparation à l'action, en fonction de tout ce que vous avez appris jusqu'à présent, c'est-à-dire en appliquant, dans la mesure du possible, les leçons du passé et celles que le présent continue de vous procurer par le biais des événements. Évidemment, il ne s'agit pas de mettre l'accent sur les erreurs du passé. Utiliser les leçons que la réalité vous envoie sans cesse ne signifie pas que vous deviez ressasser le passé, ce qui ne pourrait que nuire à votre appréciation du présent.

Comme l'a dit le Dr Maxwell Maltz, « nos erreurs, nos fautes, nos échecs, parfois même nos humiliations ont été des pas nécessaires sur la route de notre processus d'apprentissage. Cependant, ils n'étaient qu'un moyen pour atteindre une fin, et non pas une fin en eux-mêmes. Dès qu'ils ont rempli leur but, on doit les bannir de notre esprit. S'appesantir sciemment sur l'erreur, passer son temps à se réprimander, c'est, sans le savoir, donner à cette erreur ou à cet échec la valeur d'un but vers lequel vont s'orienter l'imagination et la mémoire». Une fois que vous avez tiré un enseignement d'une situation quelconque, que votre observation vous a indiqué la voie à suivre, ne perdez pas de temps à vous culpabiliser en raison de vos comportements passés. Cela serait non seulement inutile, mais néfaste: le remords empêche de vous concentrer sur le moment présent, il coupe l'élan de la vitalité. C'est pourquoi une vision spirituelle axée sur la réconciliation avec vous-même peut transformer votre existence. Redécouvrir la flamme du sacré en vous-même, c'est ouvrir le merveilleux canal d'énergie qui ne demande qu'à vibrer à l'unisson avec tout ce qui existe.

Efforcez-vous de développer une grande bienveillance pour la personne que vous êtes et que vous avez été, avec ses défauts, ses lacunes, ses ambivalences, ses contradictions. Faites la paix avec vous-même, unifiez-vous le plus possible. Car c'est en acceptant totalement la personne que vous êtes que vous pouvez développer une appréciation de vos talents, qui pourront alors prendre leur essor et transformer votre vie. Ainsi, l'action bien menée est grandement facilitée par la réconciliation avec vous-même, car les choses se déroulent infiniment mieux lorsque vous n'êtes pas divisé et que vous faites un avec vous-même. Ce sentiment d'unité permet une harmonie intérieure grâce à laquelle les talents peuvent s'épanouir et le travail s'accomplir dans un sentiment de bien-être et de paix. Dans cet esprit d'amour des êtres et des choses, tout devient possible : la réalisation de vos désirs et de vos rêves les plus audacieux. À travers l'action, vous pouvez ainsi laisser émerger votre être profond, celui qui est connecté aux forces supérieures de l'Univers et qui possède la sagesse de la compassion et de la compréhension des choses.

Vos rêves demandent avant tout, pour se réaliser, que vous soyez attentif, éveillé, prêt à vous adapter aux circonstances difficiles semées çà et là sur la route, autrement dit que vous soyez prêt à naviguer au fil des événements, quels qu'ils soient. Devenir un être conscient et vigilant demande de la volonté, des efforts, même si vous avez choisi une vocation où vous avez davantage, dans la plupart de vos tâches, l'impression de jouer que de travailler. La passion suscite des joies profondes, certes, mais cela n'empêche pas qu'il y ait des jours où nous peinons, où le moindre tracas nous semble être une montagne.

La foi en nous-mêmes permet de traverser ces journées sans perdre le moral et de ne pas nous laisser abattre par les difficultés de toutes sortes. Elle nous fait voir au-delà des tracas inhérents à toute activité, si bien que nous ne nous décourageons pas devant les obstacles et que nous surmontons les moments de désarroi comme les petits tracas. Lorsque nous sommes fortement connectés à notre moi profond, nous agissons du mieux que nous pouvons et nous savons au fond de nous que rien ne peut nous empêcher d'être heureux et en paix avec nous-mêmes.

∽⊱◯⊰∽

[...] ceux qui se confient en l'Éternel renouvellent leur force. Ils prennent le vol comme les aigles ; ils courent, et ne se lassent point, ils marchent, et ne se fatiguent point.

Isaïe 40, 31

∽⊱◯⊰∽

Notre force intérieure, fondée sur notre connexion aux forces spirituelles de l'Univers, ouvre la voie de la réussite. Elle représente une sorte d'assise, un sentiment d'unité grâce auquel nous ne sommes pas ébranlés par les événements les plus difficiles.

Ainsi, plus vous renforcez votre foi en vous-même, plus vous êtes en mesure d'avoir une réaction adéquate aux événements, quels qu'ils soient. Dès lors, vous ne vivez plus dans la peur de l'échec puisque vous savez que vous pouvez faire face à toute situation. Grâce à votre force intérieure, votre foi en l'existence et en vous-même ne peut s'effondrer sous le choc des crises ou des vicissitudes de la vie.

Votre connexion intérieure avec le divin peut vous apporter une force incommensurable se déployant à tout moment de votre existence. Grâce à votre conscience spirituelle, vous pouvez percevoir clairement les messages que la vie vous envoie à travers les problèmes à résoudre, les conflits à dénouer ou les critiques attirant votre attention sur les changements à apporter à votre attitude.

❦

Ce que vous choisissez de vivre dans votre monde intérieur doit – c'est une loi universelle – se manifester dans le monde physique. Plus vos pensées seront puissantes, précises et sans bruit de fond, plus leur manifestation physique sera rapide.

Pierre Morency, *Demandez et vous recevrez*

❦

Comment développer cette connexion avec les forces supérieures de l'Univers, comment renforcer le lien avec votre moi profond? En vivant totalement le moment présent. Comme le dit Eckhart Tolle dans son ouvrage bien connu, *Le pouvoir du moment présent*, «les maîtres spirituels de toutes les traditions font de l'instant présent la clé d'accès à la dimension spirituelle, et ce, depuis toujours».

Ne laissez pas les erreurs du passé vous empêcher de croire en vous. Habiter pleinement l'instant qui passe, c'est vous donner la possibilité d'être la personne que vous voulez être profondément au fond de vous, c'est donner à chaque moment la chance d'être plein, intense, rempli de la joie d'exister.

Porter une attention aiguë à ce que vous accomplissez dans votre travail est la meilleure façon de retirer le maximum de bienfaits de vos tâches. Le secret ici consiste à être totalement absorbé par ce que vous faites. Alors rien d'autre n'existe; rien ne vous distrait de votre occupation et vous pouvez acquérir une façon de travailler réellement efficace et source d'une profonde joie.

⌐∽∞⌐∞

Laissez mourir le passé à chaque instant. Vous n'en avez pas besoin. N'y faites référence que lorsque c'est absolument de mise pour le présent. Ressentez le pouvoir de cet instant et la plénitude de l'Être. Sentez votre présence.

Eckhart Tolle

~⌒⊙⌒~

Vaincre la passivité

Si vous manquez de force vitale, si vous êtes en proie à la passivité, sachez que vous pouvez vous défaire de cette dernière en prenant conscience de votre potentiel et en faisant le nécessaire pour l'exploiter. Par la conscience spirituelle et l'amour de soi, ce manque d'énergie qui vous empoisonne la vie et vous empêche d'avancer peut être vaincu.

En effet, la reprise en main de vos énergies vitales sera beaucoup plus aisée si vous renforcez votre conscience spirituelle. Régulièrement au cours de la journée, fermez les yeux et connectez-vous aux forces supérieures de l'Univers. Demandez-leur de vous insuffler l'énergie nécessaire à la réalisation de vos rêves. Demandez-leur de vous aider, par des signaux quelconques – une conversation avec un ami, une lecture, un reportage, ou tout simplement une intuition – à dénouer vos blocages afin d'être davantage en possession de vos moyens.

Vous ne pouvez effectuer les gestes quotidiens du travail si vous souffrez régulièrement de passivité, et c'est pourquoi vous devez mettre au jour ce qui la cause, ses origines profondes. Un bon flux d'énergie global représente le moteur de l'action bien menée, et ce n'est qu'en vous assurant de sa présence que vous pouvez être en mesure d'accomplir des journées de travail bien fait. Sans lui, les actions les plus simples peuvent devenir une corvée, puisque vous n'avez pas la vigilance nécessaire pour mener à bien vos tâches, qu'elles soient manuelles ou intellectuelles.

❧⦿❧

Il est plus facile de dire que de faire. Peu importe le degré de votre intelligence ou de vos talents, seules vos actions façonnent votre destinée.

Dan Millman

❧⦿❧

Accroître son niveau d'énergie

Si votre manque d'énergie provient d'un problème physique, faites le nécessaire pour trouver sa cause et son remède. Consultez un médecin, qui vous indiquera si vous souffrez d'un mal quelconque qui serait à l'origine de votre incapacité de vous prendre en main. Si votre manque d'énergie ne provient pas d'un problème physique, c'est votre attitude qu'il vous faut changer.

Pour vous ragaillardir, pour accroître votre énergie, vous devez avant tout prendre conscience de votre pouvoir de transformer votre univers, de votre responsabilité vis-à-vis de votre vie. Chaque jour peut être celui d'un nouveau début, et c'est à vous d'agir en ce sens en commençant par examiner des moyens de passer à l'action, puis en passant à l'action. C'est comme si l'énergie, une fois que vous la sollicitiez en vue d'un but précis, ne pouvait faire autrement que de suivre le filon que vous avez tracé. Tout, c'est-à-dire une nouvelle vie où vous pourrez vous épanouir, grandir, progresser vers la réussite, peut s'amorcer dans votre esprit, si vous le voulez. Cela ne dépend que de vous.

Nous sommes portés à croire que le destin viendra frapper à notre porte pour nous offrir tel travail ou telle occasion sur un plateau d'argent. Or, dans les faits, cela se passe rarement ainsi. C'est plutôt en accroissant notre niveau d'énergie, en nous rendant disponibles mentalement, réceptifs à un changement que nous pouvons véritablement semer les graines de la réussite.

Si vous croyez que vous ne pouvez rien changer à votre univers, effectivement, vous serez impuissant.

C'est pourquoi vous devez avant tout réaliser à quel point vous avez du pouvoir sur vous-même et sur les choses. Rien ne vous oblige à supporter votre situation et il n'en tient qu'à vous, si vous n'y êtes pas bien, d'en sortir, c'est-à-dire de faire des gestes qui vous entraîneront dans une autre voie, où vous pourrez vous épanouir véritablement.

Une fois que vous avez réfléchi à ce que vous voulez et désirez vivre, il serait inutile de passer beaucoup de temps à méditer sur la question... Il faut plutôt chercher le meilleur moyen d'inscrire votre trajectoire dans le réel, c'est-à-dire décider par quel moyen vous pouvez concrétiser votre prise de conscience, votre découverte.

Chapitre 5

Entreprendre
une nouvelle vie

Après avoir changé votre état d'esprit en ce qui concerne la possibilité d'une transformation, d'une métamorphose de votre vie, examinez ce que vous pouvez faire concrètement pour que cela soit possible. En effet, vous ne devez pas vous contenter de penser à ce que vous pourriez faire, mais agir pour donner vie à vos rêves, pour donner forme à ce qui vous habite et que vous souhaitez depuis toujours voir se révéler à vous.

Dès que vous réalisez que tout est possible ou presque, vous pouvez envisager de faire une foule de gestes qui, jusqu'ici, vous auraient sans doute paru incongrus ou même inimaginables, mais qui s'accorderont avec vos désirs de façon à attirer dans votre vie la manifestation de leurs résultats. Une multitude de possibilités s'offrent à vous si vous apprenez à voir les choses autrement et, surtout, à agir. Car à partir du moment où vous entrez dans l'action, vous avez prise sur le réel et augmentez considérablement votre pouvoir.

Bien que les pensées favorables soient nécessaires et qu'une attitude positive soit primordiale, cela n'est pas suffisant pour s'accomplir dans la réalité. Ce n'est qu'en agissant sur le terrain que vous pourrez mesurer le chemin que vous avez à parcourir d'ici à votre but, et commencer à amoindrir la distance qui vous en sépare.

Les bienfaits de la clarté

La façon dont nous tenons notre maison revêt une énorme importance dans la programmation de la réussite. Nous pourrions croire que nous sommes des personnes différentes selon l'endroit où nous nous trouvons, que nous pouvons, par exemple, être très organisés au travail et négligents chez nous. Or, ce n'est pas le cas, et lorsque nous vivons dans une ambiance de clarté, quand nous avons atteint ce niveau d'ordre dans un domaine de notre vie, il se trouvera nécessairement dans les autres.

1. *Dans la confusion, trouver la simplicité.*

2. *De la discorde, faire jaillir l'harmonie.*

3. *Au milieu de la difficulté se trouve l'opportunité.*

Albert Einstein

En fait, vous êtes la même personne dans votre travail, chez vous ou avec vos amis. Et plus vous êtes attentif aux objets ou aux gens, plus votre niveau de concentration est élevé, plus votre souci de clarté est présent, plus vous êtes en mesure de réaliser vos rêves. Dans son livre *Le jeu de la vie*, Florence Scovel Shinn raconte : « Une dame vint un jour me demander un traitement pour la prospérité. Elle s'intéressait peu à son intérieur, qui était fort en désordre. Je lui dis : "Si vous voulez être riche, il faut que vous soyez ordonnée. Tous ceux qui possèdent de grandes fortunes sont ordonnés, et l'ordre est la première loi du ciel." Puis j'ajoutai : "Tant que l'ordre ne régnera pas chez vous, la richesse vous fuira." Immédiatement, elle se mit en devoir de ranger sa maison, disposant les meubles, rangeant les tiroirs, nettoyant les tapis, et elle ne tarda pas à réaliser une importante démonstration pécuniaire, sous forme d'un présent que lui fit une parente. Elle-même se trouva transformée et elle sait maintenant diriger ses affaires pécuniaires en surveillant ce qui l'entoure, tout en s'attendant à la prospérité, sachant que Dieu est sa ressource. »

Il est certain que vous attirerez le succès en faisant de l'ordre autour de vous, car la clarté est gage de tranquillité d'esprit. Vivre avec conscience, c'est respecter non seulement les autres, mais aussi les objets, c'est porter du soin non seulement à ses paroles, mais aussi à ses gestes. Chaque moment de la vie est imprégné d'une essence sacrée, et il n'est pas question alors de vivre n'importe comment, dans un environnement négligé. Cela n'est pas une question de richesse. Même si vous avez peu d'argent, vous pouvez établir autour de vous un cadre agréable par votre ordre et votre propreté. Penser que c'est seulement sur le plan des idées ou de votre apparence que vous pouvez exprimer votre personnalité et votre bien-être serait une erreur. Chaque parcelle de votre façon de vivre a son importance, et parvenir à avoir de la clarté dans vos affaires représente une facette de la réussite, c'est-à-dire que celle-ci est avant tout un art de vivre où la dignité tient une grande place.

En vous attardant à «semer» la clarté partout autour de vous, vous développerez un cadre de vie harmonieux propice à l'épanouissement de votre personnalité et de vos talents. En effet, les gens cherchent souvent des solutions là où elles ne sont pas. Si vous avez tendance à être négligent, à laisser traîner vos choses, il est impératif que vous preniez conscience qu'il ne s'agit pas d'un détail, mais d'une entrave majeure à la réalisation de vos rêves. Pour un renouveau dans votre vie, visez d'abord à modifier vos gestes de tous les jours, puis changez vos habitudes en fonction d'un but simple : clarifier vos affaires. Vous constaterez rapidement des bienfaits énormes sur tous les plans.

❧

La plupart des gens sont victimes de l'illusion qu'ils peuvent dominer le monde extérieur sans avoir maîtrisé au préalable leur monde intérieur : leur propre moi. Or, celui qui n'est pas maître dans sa maison ne sera jamais le maître du monde qui l'entoure, mais au contraire l'esclave des choses.

K. O. Schmidt

❧

Prendre notre vie en main passe par la maîtrise de notre univers matériel, aussi bien sur le plan des objets que sur celui de l'organisation de notre espace comme de notre temps. Il est inutile de chercher à réussir lorsque le fouillis règne dans notre maison et que nous ne planifions pas nos journées: cela signifie que nous n'avons pas de direction, tout simplement. Dans la mesure où notre environnement extérieur est un reflet de ce que nous vivons intérieurement, il serait difficile d'imaginer que nous puissions atteindre un certain bien-être, un certain équilibre, si nous ne parvenons pas à vivre dans la clarté, avec le désir de créer autour de nous une certaine limpidité non seulement par nos gestes, mais aussi par notre attitude intérieure. Quand celle-ci est libre de blocages énergétiques, nous pouvons nous concentrer sur nos actions et les mener à bien sans hâte ni précipitation, avec l'esprit tranquille de celui qui exécute les tâches avec patience, doigté et minutie.

Loin d'être dissociables, l'attitude intérieure et la façon d'agir sont au contraire intimement liées, et nos comportements reflètent comment nous nous sentons. Ainsi, tout comme nous pouvons transformer nos gestes en changeant nos attitudes et en apportant de la clarté, de la conscience dans notre vie intérieure, nous pouvons modifier notre attitude intérieure en changeant nos gestes. C'est pourquoi il est si important de créer autour de nous un monde d'ordre et de limpidité: cela favorise l'éclosion d'une attitude gagnante, d'un état d'esprit propice à l'action juste et bien menée, mais aussi au repos qui suit l'action. Car favoriser un état de tranquillité est aussi important que bien préparer l'action. En effet, nous puiserons là la force nécessaire à l'accomplissement, et c'est la raison pour laquelle nous avons besoin de moments de répit.

⁓◦⦿◦⁓

Le guerrier de la lumière a besoin de temps pour soi. Et il consacre ce temps au repos, à la contemplation, au contact avec l'Âme du Monde. Même au beau milieu du combat, il parvient à méditer. En certaines occasions, le guerrier s'assoit, se détend, et laisse advenir tout ce qui advient autour de lui. Il regarde le monde comme s'il était un spectateur, il n'essaie pas d'être plus grand ou plus petit : il ne fait que s'abandonner sans résistance au flux de la vie. Peu à peu, tout ce qui semblait compliqué devient simple. Et le guerrier est heureux.

Paulo Coelho, *Manuel du guerrier de la lumière*

⁓◦⦿◦⁓

À la conquête de ses rêves

∽⊸◯⊷∾

Nous ne savions pas que c'était impossible, alors nous l'avons fait.

Jean Cocteau

∽⊸◯⊷∾

Tout commence par la pensée, par le rêve. Comme nous l'avons vu dans les chapitres précédents, c'est en retrouvant le rêve que nous avions étant enfants ou en découvrant celui qui se cache au fond de nous aujourd'hui que nous pouvons transformer notre vie. C'est le rêve, mêlé à la force de la volonté et de l'action, qui nous permettra d'atteindre nos buts. Tout ce qui nous entoure et qui a été fabriqué par l'homme est né de la pensée d'une personne. Les idées sont à la source de tout ce qui a été créé. Nous avons tendance à l'oublier, à perdre de vue que l'esprit humain est tout simplement fabuleux, qu'il a donné lieu de tout temps à des découvertes fascinantes qui ont transformé notre existence à tous. Or, cet esprit d'invention, de nouveauté, nous pouvons l'animer et le mettre au service de notre propre vie. Il suffit de faire une grande place au rêve, à la création, au désir, à la nouveauté. Il suffit de nous ouvrir au changement. Car le rêve repose sur l'idée d'apporter un changement dans notre vie, de la voir et de la vivre différemment, ce qui demande avant tout d'oser nous imaginer vivre autre chose.

Le plus grand pas dans le désir d'une existence nouvelle, c'est bien celui-là : osez projeter une nouvelle image de vous-même sur le grand écran de votre vie. Si vous y parvenez, il ne vous restera qu'à tout mettre en œuvre pour réaliser ce désir. Bien souvent, les gens insatisfaits de leur travail savent ce qu'ils ne veulent plus vivre, connaissent parfaitement ce qui les rebute et leur cause du tourment. Ce qu'ils ne savent pas, cependant, c'est ce qu'ils désirent vivre. Or, pour découvrir ce que pourrait être pour vous cette grande aventure fabuleuse, vous devez avant tout vous permettre de rêver.

∽✧∾

À l'échelle du cosmique, seul le fantastique a des chances d'être vrai.

Teilhard de Chardin

∽✧∾

Tenir un journal sur sa mission

Quel est votre plus grand rêve ? Pensez-y bien pendant quelques minutes ou plus, si nécessaire, et écrivez la réponse dans un cahier personnel, une sorte de journal de bord, où vous noterez tout ce qui a trait à la découverte de votre mission.

Pour vous aider à découvrir quel est ce rêve, voici une petite question simple : que feriez-vous, aujourd'hui, si vous n'aviez pas à gagner votre vie ? Votre réponse vous mettra sur la piste de ce qui vous procurerait le plus de plaisir et vous amènerait sur la voie du succès. Il est important de la noter.

Décomposez ensuite votre objectif en sous-objectifs et, pour chacun, notez de quelle façon vous pourriez l'atteindre. Énumérez sur papier toutes les étapes se rattachant à chaque petit objectif. Écrire permet de souligner vos vœux et multiplie de beaucoup les chances de les voir se réaliser. Noter ce que vous désirez obtenir et faire, c'est une forme d'engagement par rapport à vous-même et au futur. C'est pourquoi il y a toute une différence entre une simple pensée, un vœu formulé dans votre tête, et un cahier où vous noterez tout ce qui a trait à vos buts et à vos accomplissements.

Ne prenez pas à la légère vos idées en ce qui concerne votre réussite. Être sérieux dans vos démarches, c'est vous accorder le respect que vous méritez, c'est prendre le temps nécessaire à une réflexion profonde.

Ainsi, dans votre journal de bord, écrivez tous les projets liés de près ou de loin à votre mission. Si vous notez quelles actions vous comptez entreprendre d'ici quelques jours, quelques mois et quelques années, et que vous inscrivez par la suite ce qui arrive, au fur et à mesure des événements, vous serez bien plus à même de constater jusqu'à quel point vous êtes fidèle à vos buts et en quoi votre évolution reflète ce que vous aviez prévu ou imaginé. Peut-être vous apercevrez-vous que vous vous étiez fait une fausse idée du domaine dans lequel vous êtes. Il est important d'avoir un plan d'action et de voir dans quelle mesure il colle à la réalité ou non, en notant régulièrement les pensées que votre parcours vous inspire, à travers vos déceptions, vos espoirs, vos prévisions, etc.

Prenez l'habitude d'écrire chaque semaine quelques paragraphes ou davantage sur ce que vous avez fait durant la semaine et sur la façon dont les choses se sont passées. Avez-vous eu des difficultés sur un plan ou sur un autre? Notez-le. Êtes-vous satisfait de certains résultats? Pourquoi? Notez tout ce qui vous semble pertinent en regard de votre objectif principal. Il vous sera très utile, par la suite, de revenir sur ces petits bilans hebdomadaires afin de mieux constater, avec le recul, quelles sont vos forces et vos faiblesses, et ce que vous gagneriez à faire pour améliorer la situation. Vous pourrez également mieux comprendre les situations passées de façon à en tirer des apprentissages qui vous aideront à progresser plus rapidement sur la voie du succès. Ce journal vous permettra aussi de vérifier aisément si vous agissez dans le sens de la réalisation de votre rêve ou si, au contraire, vous vous en éloignez.

Réussir sa vie

Une fois que nous savons ce que nous désirons accomplir, nous devrons bien sûr nous pencher sur les façon d'y parvenir. Comment devons-nous nous y prendre ? Pour cela, il est important de développer une sorte d'intelligence de l'action et une façon de gérer notre temps qui soit à la hauteur de nos objectifs. Ainsi, si nous manquons d'efficacité dans nos actions, il sera bien difficile de progresser.

Beaucoup de gens ont tendance à ne faire que ce qui presse le plus. Plutôt que de dresser une liste de choses à faire et de s'y tenir, ils font aujourd'hui ce qu'ils auraient dû faire il y a deux semaines et, demain, ils colmateront les brèches dues à ce qui traîne depuis des mois. Le problème avec ce genre d'attitude, c'est que ce sont les choses qui nous dirigent et non nous qui dirigeons les choses. Pour prendre un exemple très terre à terre, si nous attendons de ne plus rien avoir à nous mettre sur le dos pour entreprendre un lavage, nous aurons créé une situation pénible tout à fait inutilement...

Il faut bien nous rendre à l'évidence : réussir notre vie, ce n'est pas obtenir de gros contrats et faire beaucoup d'argent, c'est-à-dire atteindre une réussite strictement financière. Réussir notre vie, c'est plutôt parvenir à un état d'esprit où nous avons du plaisir à faire les mille et une choses qui composent une journée. Et ce bien-être que nous ressentons est une forme de succès en soi qui repose avant tout sur la prévoyance, sur le sens de l'organisation, sur la constance dans l'accomplissement des tâches les plus simples, pendant lesquelles nous pouvons sentir fortement la connexion avec notre moi profond. Il s'agit donc d'œuvrer à la réalisation de nos rêves, certes, en nous donnant des buts, mais sans perdre de vue que le présent est notre bien le plus précieux et que ce n'est qu'à travers lui que nous pouvons être heureux, dans cet instant qui est et ne reviendra pas.

L'attention portée au moment présent dépendra de notre prévoyance dans la mesure où, grâce à celle-ci, nous disposerons du temps nécessaire pour bien nous acquitter des tâches à accomplir. Ainsi, pour bien faire une chose et atteindre la tranquillité de l'esprit, nous ne devons pas manquer de temps pour la faire, ce qui suppose que nous ne devons pas la commencer en retard. Avoir la maîtrise de notre vie, c'est avant tout parvenir à bien gérer toutes les petites tâches qui nous incombent de façon à accroître notre degré d'harmonisation avec l'Univers et avec toutes les forces qui le composent. Réussir cela, c'est rien de moins que paver la voie à une paix assurée avec nous-mêmes.

Comme la clarté, la prévoyance et la maîtrise des plus petites occupations de la vie permettent de créer en nous-mêmes un état de sérénité appréciable, qui constitue une forme de réalisation en soi. Lorsque nous développons notre attention et notre capacité de faire des gestes avec conscience, nous ne laissons pas le hasard mener notre existence, nous accroissons notre niveau de conscience... Voilà l'avantage d'être maîtres à bord, c'est-à-dire responsables de notre vie. Le statut de victime une fois évincé, il reste une place immense pour le pouvoir de l'action. C'est aussi cela, récupérer notre pouvoir et dès lors être en mesure d'exploiter nos talents.

Cela ne signifie pas, toutefois, que nous devions chercher à tout contrôler et cela n'empêche en rien l'improvisation d'avoir notre place lorsque la situation le permet. Ainsi la souplesse reste-t-elle primordiale au sens d'une adaptation continuelle à ce qui se produit dans nos vies. Il s'agit ici non pas d'être à la merci des événements, mais plutôt d'être en mesure d'adapter l'action à la situation en cours, d'agir en fonction des événements. Comme le dit Antony

Robbins dans *L'éveil de votre puissance intérieure*, « choisir la souplesse, c'est choisir le bonheur. Dans votre vie, il y aura toujours des instants durant lesquels vous n'aurez pas le contrôle de certaines choses. Cependant, la souplesse avec laquelle vous adapterez vos règles, la signification que vous accorderez aux choses et votre comportement détermineront à long terme votre réussite ou votre échec, ainsi que votre bonheur. Le roseau qui plie survivra à la tempête, mais le chêne majestueux se fendra ».

Par une vision claire de ce que vous avez à faire et par une réflexion précédant l'action, vous pouvez donner la pleine mesure de vos capacités et ainsi profiter au maximum du temps présent. Car alors vous n'êtes pas éternellement en train de parer au plus pressé et de coller les pots cassés.

Beaucoup de gens ne connaissent pas la satisfaction incomparable d'accomplir chaque jour, au bon moment, ce qu'ils ont à faire. Pourtant, bien nous préparer à l'action et l'accomplir en temps et lieu est source de grande joie, tout comme nous acquitter de nos tâches avec minutie. Ne pas laisser les choses se faire au hasard, mais les planifier, les organiser, les penser, voilà donc une des grandes clés du succès au sens traditionnel du terme, mais aussi d'un niveau de conscience élevé.

Il ne s'agit pas de viser la performance en elle-même, mais de chercher à vous améliorer dans le but de devenir la personne que vous souhaitez être au fond de vous, c'est-à-dire une personne accomplie, sûre d'elle, qui contribue au bien-être de tous grâce à la maîtrise de sa vie. Chaque fois que vous faites un pas vers l'amélioration de la personne que vous êtes, vous vous rapprochez non seulement du but que vous vous êtes fixé, mais aussi d'une plus grande harmonie avec les autres, avec l'Univers et avec toute forme de vie. C'est cela qui doit vous motiver, bien plus que l'idée de la performance.

Il est très important que vous preniez conscience de l'étendue de votre pouvoir. Vous êtes le grand responsable de votre vie. À travers vos gestes, vos pensées, vous pouvez exprimer toute votre énergie créatrice.

Oser changer

Votre capacité à vivre votre mission repose sur votre foi en vous-même. Dès l'instant où vous prenez conscience de vos capacités, vous leur permettez de porter des fruits. Cela commence par la pensée, bien entendu. Vous devez vous donner la chance d'explorer votre vie ; sans vous mettre de barrières, vous devez oser changer votre univers. Que ce soit petit à petit ou par des changements plus importants, ce qui compte, c'est d'oser. Si vous sentez que vous n'avez pas encore découvert ce qui vous fait vibrer réellement, demandez à Dieu ou aux forces spirituelles de l'Univers de vous venir en aide. Plusieurs fois dans ce livre, il a été question d'avoir recours à cette forme de demande. La formuler, c'est tracer la voie d'une réponse qui se manifestera à coup sûr si vous lui faites une place dans votre vie. Il est difficile de prédire de quelle façon elle vous parviendra. Mais vous devez avoir confiance qu'elle émergera. Qu'il s'agisse d'une intuition, d'une rencontre, d'une demande que l'on vous fera, d'une idée que vous voudrez *illico* mettre en application, vous serez lancé sur une piste où foisonneront les moments de joie. Le secret, c'est d'être en possession de vos moyens, de sentir pleinement votre énergie vitale et d'être à l'écoute des signaux de votre passion. Pour que celle-ci puisse prendre forme et s'épanouir, vous devez prendre soin d'elle comme d'un petit enfant qui viendrait de naître.

Le travail est une joie lorsqu'il est façonné par l'étincelle de la passion, et tous les chemins sont bons lorsqu'il s'agit de la découvrir. Plus vous êtes ouvert, plus vous laissez les choses survenir dans votre vie, plus cette petite flamme aura de la facilité à se frayer un chemin jusqu'à vous. Il vous suffit d'y croire, tout simplement, de ne pas baisser les bras et de faire confiance à votre moi supérieur, qui est en connexion avec la grande sagesse de l'Univers et peut donc vous conduire, avec votre propre appui et au moyen de votre attitude et de vos actions, exactement là où vous souhaitez aller.

⁕

Chaque fois que vous pensez à quelque chose, votre cerveau émet une onde. Cette onde s'ajoute à toutes les autres que vous avez émises auparavant et à celles qui sont émises par les autres personnes. Lorsque la somme des ondes est suffisamment grande, il y a assez d'énergie pour que la demande se matérialise.

Pierre Morency, *Demandez et vous recevrez*

⁕

Sortir de sa prison intérieure

Ce qui vous empêche de progresser, ce ne sont pas les autres – vos parents, votre conjoint, vos enfants ou vos amis – mais vous-même, avec toutes les limites que vous avez vous-même tracées peu à peu et qui obstruent votre horizon. Comme nous l'avons vu dans ce livre, vous pouvez, grâce à la réconciliation avec vous-même et une élévation de votre niveau de conscience, décider de vous libérer de ces limites afin de pouvoir vivre autrement.

Lorsque vous prenez la responsabilité de votre vie, vous accédez à votre vrai pouvoir, qui est la liberté. Alors vous pouvez explorer de nouvelles avenues, vivre selon de nouveaux objectifs, qui correspondent mieux à votre personnalité profonde que ceux que vous avez eus jusqu'ici.

Vous pouvez ainsi sortir de votre prison intérieure quand vous réalisez que c'est vous-même qui l'avez créée à partir de schémas de pensée désuets qui ne vous rendent pas heureux et vous éloignent de votre accomplissement. C'est dans votre propre regard sur les choses que réside la clé du changement. Et pour que ce dernier puisse survenir, vous devez prendre conscience de la force de votre regard sur votre vie : tout commence à l'intérieur de vous, et non à l'extérieur de vous.

En fait, les formes extérieures ne sont qu'un reflet de vos gestes et de vos pensées reliés au passé. Vous devez donc transformer ces gestes et ces pensées dans le moment présent pour que votre futur soit différent. On dit souvent que les mêmes causes produisent les mêmes effets, et c'est juste. Ces effets ne vous plaisent pas ? En mettant le doigt sur les motivations de ces causes, vous pouvez modifier le cours de votre existence. En reconnaissant ce qui vous a amené à fonctionner comme vous le faites, vous pouvez mettre fin à ce que vous n'aimez pas dans vos modes de fonctionnement et vous libérer de ce qui vous éloigne de la réalisation de vos désirs.

Créer sa vie en modifiant ses croyances

Le plus important, c'est de prendre conscience que vous êtes l'auteur principal de votre vie à travers vos idées, vos pensées, votre vision des choses et, bien entendu, vos gestes. Or, sur quoi tout cela repose-t-il? Sur vos croyances relativement au bonheur, à l'argent, à vos capacités, à vos chances de vivre vos rêves, etc. C'est donc dire que si votre vie ne vous plaît pas, vous devez réviser vos croyances et en adopter d'autres, vous devez remettre en question ce qui se trouve à la base des choix que vous avez faits jusqu'à présent.

Attendre qu'un changement vienne de l'extérieur ne modifiera rien : c'est en changeant nos croyances, quelque chose *en nous* que nous pouvons vraiment prendre une nouvelle direction. En effet, si notre attitude est différente, nous vivrons les événements différemment, et toute notre vie s'en trouvera transformée. Nous ne sommes pas bien conscients du fait que nos croyances se trouvent à l'origine de nos façons de penser et de faire et qu'elles façonnent notre vision du travail, de l'argent, des loisirs, de l'amour, etc. Si elles sont limitatives, elles nous amèneront à agir sans créativité, à manquer de confiance en nous, à avoir une vie pauvre non seulement sur le plan personnel, mais aussi sur les plans financier, social, etc.

Vu tout ce qui découle de vos croyances, vu qu'elles sont le fondement même de ce que vous êtes, vous devez les réviser si vous tenez à changer certains paramètres de votre existence. Nous pourrions dire qu'elles ne sont qu'une interprétation de la réalité, mais une interprétation décisive et déterminante de votre capacité d'engagement sur tous les plans. Ramenons cela à sa plus simple expression: si vous ne croyez pas être capable de faire une chose, c'est très simple, vous ne serez pas capable de la faire. Or, la question est: pensez-vous pouvoir atteindre un objectif fondamental si vous ne vous en croyez pas capable? C'est pour cette raison que modifier vos croyances sur vous-même permet d'augmenter sensiblement votre niveau d'énergie: l'étincelle du courage s'allume alors, la flamme de l'enthousiasme brille et éclaire tout autour de vous. Dès lors, rien n'est plus impossible, les objectifs les plus audacieux ne sont pas irréalistes. De cette métamorphose peuvent naître la force, la patience et la persévérance, ces éléments clés du succès. Comme le dit Antony Robbins dans son livre *L'éveil de votre puissance intérieure*, «tous les grands chefs, tous les gens qui ont réussi dans un domaine ou dans un autre sont conscients de la force intrinsèque qu'il y a à poursuivre la même idée, même s'ils ne connaissent pas encore tous les détails sur la manière de la concrétiser. Quand on acquiert la certitude absolue que procurent les puissantes croyances, on peut accomplir pratiquement n'importe quoi, y compris les actions que les autres croyaient impossibles».

Si vous ne modifiez pas vos croyances, vous atteindrez toujours sensiblement les mêmes résultats que ceux que vous obtenez actuellement ; c'est pourquoi vous devez changer jusqu'à vos modèles de pensée afin de devenir le moteur même du changement, qui, encore une fois, ne repose pas, à l'origine, sur des formes extérieures. Le véritable changement se produit en effet d'abord à l'intérieur de vous-même, puis se répercute sur tout le reste. Pour qu'il survienne, vous devez en être conscient. Par exemple, il se peut que certaines de vos idées sur vous-même détournent vos énergies vitales les plus pures et les plus fécondes au profit d'une philosophie de vie très conservatrice, où vous vous sentez étouffé, privé de l'oxygène de la liberté.

Si vous avez été attiré par ce livre, il y a de fortes chances que vous n'ayez pas assez écouté les instincts qui vous poussaient à oser vivre vos rêves. Vous vous êtes donc probablement laissé glisser vers une vie qui manque d'ouverture, d'audace, d'aventure. Il n'en tient qu'à vous, dans ce cas, de changer l'instant présent grâce à une meilleure compréhension du passé et des schémas de pensée qui vous ont conditionné à vivre comme vous l'avez fait jusqu'à présent.

La métamorphose se déroule toujours sur deux niveaux, celui de la pensée et celui de l'action : le fait de transformer nos pensées modifiera automatiquement nos comportements. Il faut bien comprendre que ceux-ci se forment à partir des possibilités que nous nous donnons nous-mêmes, de la façon dont nous envisageons la réalité. Si nous voyons celle-ci avec un regard pauvre, triste, résigné et dénué de vision, il est certain que notre réalité sera elle-même pauvre et triste, sans envergure, sans élan vers la nouveauté, vers la transcendance. Aucune étoile ne scintillera au-dessus de notre tête, afin de nous inspirer de nouveaux rêves ; nous nous sentirons vides, absents, parce qu'au départ il n'y a pas de souffle créateur, de conscience de la richesse toute simple de la vie elle-même, de mouvement vers le mieux-être, vers un but prometteur. Ce qui surgit dans notre quotidien, nous pouvons tout d'abord le créer dans notre esprit grâce à notre réceptivité au changement lui-même et à la modification de nos croyances.

Comme le dit le Dr Maxwell Maltz dans son livre *Psychocybernétique, Comment changer l'image de soi pour transformer sa vie*: « Traquez les croyances vous concernant, celles du monde ou d'autrui, qui se cachent derrière votre comportement négatif. N'y a-t-il pas quelque chose qui arrive toujours pour vous faire échouer juste au moment où le succès semble à votre portée? Peut-être vous sentez-vous secrètement "indigne" de réussir ou que vous ne le méritez pas. Êtes-vous mal à l'aise en compagnie d'autres gens? Peut-être vous sentez-vous inférieur à eux, ou cette compagnie vous est-elle hostile ou peu amicale? Devenez-vous inquiet et craintif sans aucune raison fondée dans une situation relativement sûre? Peut-être croyez-vous que le monde où vous vivez est un endroit hostile, peu amical et dangereux ou que vous "méritez un châtiment"? Rappelez-vous que le comportement et les sentiments proviennent tous les deux d'une croyance. Pour déraciner la croyance responsable de votre sentiment et de votre comportement, demandez-vous "Pourquoi?" Y a-t-il une tâche que vous aimeriez faire? Y a-t-il une voie par laquelle vous voudriez vous exprimer mais vous hésitez, croyant: "Je ne peux pas"? Demandez-vous alors: "Pourquoi? Pourquoi devrais-je croire que je ne le peux pas?" Puis demandez-vous: "Cette croyance est-elle basée sur un fait réel? Sur une supposition? Ou sur une conclusion fausse?" »

En fait, les choix primordiaux de notre vie sont souvent fondés sur des croyances que nous n'avons pas pris la peine d'examiner de plus près, et nous nous sommes ainsi cantonnés à des balises qui ne se trouvent que dans notre esprit. Et si nous prenons la peine de remettre en question les éléments qui nous ont amenés à une situation que nous jugeons à présent insatisfaisante, dans ce cas-ci notre vie professionnelle, nous en viendrons à augmenter sensiblement les possibilités qui s'offrent à nous.

Malheureusement, souvent, nous penserons au contraire: «Je ne peux pas prendre telle direction, pour telle et telle raison», et à la moindre idée nous verrons se dresser devant nous des obstacles infranchissables. De prime abord, nous imaginerons une évolution à son pire, sans prendre la peine d'examiner des façons de contourner les obstacles éventuels. Bref, nous penserons uniquement en termes de «problèmes» et non de «solutions», et tous nos désirs nous sembleront forcément irréalistes.

C'est ce mécanisme que nous pouvons démonter si nous prenons conscience que c'est nous, par notre attitude, qui bloquons la voie à nos désirs.

Donnez-vous la chance d'aborder votre vie totalement différemment; voyez que les prémisses de base sur lesquelles reposent vos choix de vie n'ont peut-être pas leur raison d'être. Avez-vous un rêve insensé? Dans le journal que vous consacrez à votre mission, décrivez-le en détail, sans vous soucier d'être réaliste. En quelques pages ou davantage, exposez comment les choses se passeraient si tout était possible, si rien ne pouvait bloquer vos désirs. Ensuite, relisez ce que vous avez écrit et demandez-vous s'il n'y aurait pas moyen, d'une façon que vous n'aviez jamais imaginée auparavant, de vivre ce rêve en totalité ou en partie. Il est fréquent que le simple fait d'évaluer les possibilités sous un nouveau jour, avec un espoir «dépoussiéré», ouvre l'esprit à des avenues qui n'avaient pas été aperçues jusque-là.

En fait, plus vous êtes en contact avec vos motivations profondes et leur donnez le loisir de prendre place dans votre vie, plus vous attirez à vous leur manifestation dans le réel.

❧◦◦❧

Lorsque tu veux vraiment quelque chose, tout l'Univers conspire à te permettre de réaliser ton désir.

Paulo Coelho, L'alchimiste

❧◦◦❧

Vivre ses rêves

Il y a, dans le fait de vous permettre d'avoir des rêves, le premier pas d'une transition vers une nouvelle vie. Il s'agit là d'un tremplin vers une transformation profonde, car dans la pensée est alors semé le germe d'une nouvelle réalité. Si vous demandez à l'Univers de vous aider à parvenir à une fin en particulier et que vous mettez tout en œuvre pour y accéder, il est très probable que vous puissiez réaliser vos ambitions, que les circonstances se prêtent tôt ou tard à ce que vous agissiez dans le sens voulu. C'est comme si votre idée, une fois émise, prenait forme par une série de hasards dans votre réalité, se débrouillant comme elle le peut pour éclore et se manifester dans votre existence. Il ne vous reste ensuite qu'à saisir l'occasion qui se présente. Il s'agit tout d'abord de la reconnaître, de sentir ce qui est en train de se produire, de voir votre rêve qui approche et de saisir cette occasion au vol : l'Univers vous parle, il s'adresse à vous. Si vous savez voir cette chance qu'il vous offre, vous pourrez accéder à votre rêve et le vivre. Il se peut qu'il ne ressemble pas, tout d'abord, à ce que vous aviez imaginé : soyez patient, c'est une façon de vous y amener et il se peut fort bien que ce que vous récoltiez au bout du compte soit encore plus fort, plus révolutionnaire que ce que vous aviez visualisé.

Cependant, pour y parvenir, vous devez être ouvert au changement, vous devez saisir l'occasion qui vous est donnée. Une demande qu'on vous adresse, une offre qui vous tombe dessus au moment où vous vous y attendiez le moins : quelque chose se produit qui vous lance sur une nouvelle piste, l'Univers répond aux prières que vous lui avez adressées et s'occupe de vous. Pour qu'il en résulte une heureuse réalité, vous devez être disponible et réceptif à cette nouvelle donne, dire oui sans retenue, sans hésitation, plonger dans cette eau joyeuse qu'est la destinée en action. Il y a des temps pour la réflexion et la préparation, et d'autres pour l'action. Plus vous êtes prêt et rapide lorsque vient le moment de vous mettre en mouvement, plus vous savez saisir avec appétit ce qui se présente à vous, plus la force positive de l'impact sera élevée.

Lorsqu'une réponse favorable se juxtapose à une occasion que vous lance la réalité, tout concourt à faire naître les conditions propices au succès. C'est dans votre capacité d'attraper la chance au vol que vous avez votre mot à dire. La force consiste donc à tracer vos désirs, à croire en leur réalisation, puis à savoir reconnaître le moment de passer à l'action et de concentrer vos énergies de façon à agir intelligemment.

Mais avant tout, sachez que la foi que vous mettez dans vos pensées est primordiale, car c'est elle qui donne le feu sacré, le courage et la patience, qui permet de sauter dans l'action à pieds joints sans prêter attention aux peurs inhérentes au changement. Lorsque vous croyez profondément en vous-même et que vous développez une forte connexion avec l'Univers à travers l'acceptation et l'amour de la personne que vous êtes, vous êtes davantage en contact avec votre puissance véritable, le pouvoir intérieur qui propulse vers les buts visés.

Ainsi, la foi en soi-même est primordiale lorsqu'il s'agit d'entendre l'appel de la mission et de passer à l'action. Plus vous avez foi en vous-même et plus il vous sera facile de laisser cet appel se manifester en vous ; plus vous y serez réceptif et plus vous serez apte à apporter quelque chose au monde qui vous entoure, c'est-à-dire à participer activement à sa bonne marche.

∽∾⊙∾∾

Nous ne sommes que de passage sur cette planète, et ce passage ne durera que 90 ou 100 ans, au mieux. Pendant cette période de temps, il nous faut accomplir quelque chose de bien, rendre notre vie utile. Soyez en paix avec vous-même et permettez aux autres de trouver cette paix. Si vous participez au bonheur des autres, vous découvrirez le but véritable, le sens de la vie.

Le Dalaï-Lama

∽∾⊙∾∾

Conclusion

Que nous cherchions à découvrir notre mission ou à obtenir encore davantage de succès, nous ne devons pas perdre de vue que la réussite véritable consiste fondamentalement à améliorer la vie de tous, à rendre service aux autres, à les aider. Ainsi, le succès authentique est un amour qui provient de l'Univers et de nous-mêmes, et que nous redirigeons, à travers l'action, vers les autres et l'Univers. D'une certaine manière, chacun de nous est une sorte de canal de transmission relié à un grand tout qui nourrit tous les êtres et que tous les êtres alimentent à leur tour. Ce grand tout, c'est l'Univers, doté de forces spirituelles, et chacun de nous en fait partie au même titre, chacun peut lui être utile à sa façon, que ce soit par les arts, par son rôle de parent ou par son travail.

Toute mission a sa valeur dans la mesure où elle permet à l'amour qui est en nous de se déverser dans l'Univers, d'exprimer la joie qui habite notre être. Cette mission est donc le reflet d'un engagement profond envers nous-mêmes et les autres, qui peut se vivre avec sérénité, dans le plaisir et l'esprit du jeu. Chaque instant vaut la peine d'être vécu intensément, et c'est ce que nous pouvons apprendre à faire en assumant pleinement notre mission.

Si vous n'avez toujours pas le sentiment d'avoir découvert quelle est la vôtre, appliquez-vous à vivre avec respect chaque moment que la vie vous offre. Cultivez l'esprit du jeu et de la créativité, la joie d'être la personne que vous êtes, tout simplement. Comme cela a été dit plusieurs fois dans ce livre, vous pouvez aussi demander à l'Univers de vous aider à découvrir votre mission. Puis, veillez à être attentif aux signaux qu'il vous enverra sous une forme ou sous une autre. Lorsque vous aurez une idée, ne la balayez pas du revers de la main, sans même prendre le temps d'y réfléchir. Si vous ne croyez pas au départ que presque tout est possible, vous risquez de mettre de côté une immense réserve de situations merveilleuses. Osez vous imaginer dans le rôle qui vous fait rêver, osez vous affirmer et croire en vous-même. Vos qualités ne demandent qu'à être mises à profit et vos compétences ne demandent qu'à être révélées, votre succès n'attend que votre foi en vous-même pour se manifester sans retenue. Ne perdez pas de vue qu'une fois une idée semée et entretenue par la foi, le travail et la persévérance, les choses ne peuvent aller que dans ce sens, comme vous l'aurez voulu au fond de vous.

Permettez à vos talents de prendre forme, faites-leur une place. Reconnaissez-leur le droit d'exister et de porter des fruits. Vos dons sont un bien infiniment précieux, car ils constituent une forme d'amour pur. En les cultivant, vous pouvez éprouver un enchantement indicible, car ils ont le pouvoir de transmettre l'amour, à vous-même comme aux autres, de rayonner dans votre vie et celle des autres. Voilà pourquoi il est si important de découvrir votre mission et de vous donner la permission de la vivre pleinement, avec tout ce que cela suppose de bonheur à partager, de joie à offrir aux autres et à vous-même. La découverte de votre mission est une aventure extraordinaire, qui peut se poursuivre tous les jours de votre vie. Elle se nourrit de l'amour de vous-même, d'une conscience aiguë des forces qui vous habitent, ainsi que de la volonté de donner. Et c'est certainement l'une des plus belles expériences que vous puissiez vivre.

Lectures suggérées

ADRIENNE, Carol. *Votre mission de vie*, Montréal, Éditions du Roseau, 1999.

CLARKE, Virginia. *Le pardon, la voie du bonheur*, Montréal, Éditions Quebecor, 2001.

COELHO, Paulo. *Manuel du guerrier de la lumière*, Éditions Anne Carrière, 1998.

MALTZ, Docteur Maxwell. *Psychocybernétique, Comment changer l'image de soi pour transformer sa vie*, Saint-Jean-de-Braye (France), Éditions Dangles, 1960.

McGRAW, Phillip C., Ph. D. *Stratégies de vie*, Varennes (Québec), Éditions Ada inc., 1999.

MONTBOURQUETTE, Jean. *À chacun sa mission, Découvrir son projet de vie*, Montréal, Novalis, 1999.

MORENCY, Pierre. *Demandez et vous recevrez*, Montréal, Les Éditions Transcontinental inc., 2002.

PONDER, Catherine. *Ouvrez votre esprit pour recevoir*, Saint-Hubert (Québec), Un monde différent, 1997.

SCHILLER, David. *Le petit livre de sagesse zen*, Paris, Robert Laffont, S.A., 1998.

SCOVEL SHINN, Florence. *Le jeu de la vie et comment le jouer*, Paris, Éditions Astra, 1990.

Table des matières